Introducción

Te doy la bienvenida a Una Década, un viaje personal a través de diez años de vivencias, emociones y desafíos que he plasmado en estos poemas. En esta colección, comparto con sinceridad mis alegrías, tristezas y las transformaciones que han marcado mi vida durante esta etapa.

He intentado capturar la esencia de estos años, desde la euforia de los días soleados hasta la introspección en las noches solitarias, traduciéndolos en versos que buscan resonar con autenticidad y profundidad. Cada poema es un reflejo de mis experiencias y sentimientos más íntimos, un intento de encontrar consuelo y significado en las palabras.

Para mí, Una Década es más que un libro; es un caleidoscopio de recuerdos y sueños que espero te inspire a explorar tus propias emociones y experiencias. Mi deseo es que encuentres en estas páginas un compañero para tus momentos de reflexión y un rayo de esperanza en los tiempos difíciles. A través de este viaje poético, busco demostrar que la belleza puede encontrarse en cada rincón de nuestra existencia y que la poesía tiene el poder de iluminar nuestro camino.

Sin Tinta

¿Cuáles habrán sido, aquellas palabras que te dediqué? Aquellas, cuyas intenciones solo fueron meramente levantarte el ánimo.

Una por una escritas, a mano, con un pulso tambaleante, por los nervios que me acongojaban, incierto de sí cumplirían con su objetivo.

Que habrá sido de Aquellos versos, en los que uno a uno exprese, como si fuese una cirugía a corazón abierto, lo más profundo de mi ser.

Donde habrá quedado cada párrafo que se escribió con la facilidad que me brindaba la inspiración con el simple hecho de pensar en ti.

No sé donde habrá quedado cada palabra, cada verso, cada párrafo que creí haber escrito con tinta indeleble en mi corazón, hoy ya borrados por el pasar del tiempo, pero con la esperanza de que aún los cargues contigo.

100 Poemas inspirados a lo largo de 10 años de una vida.

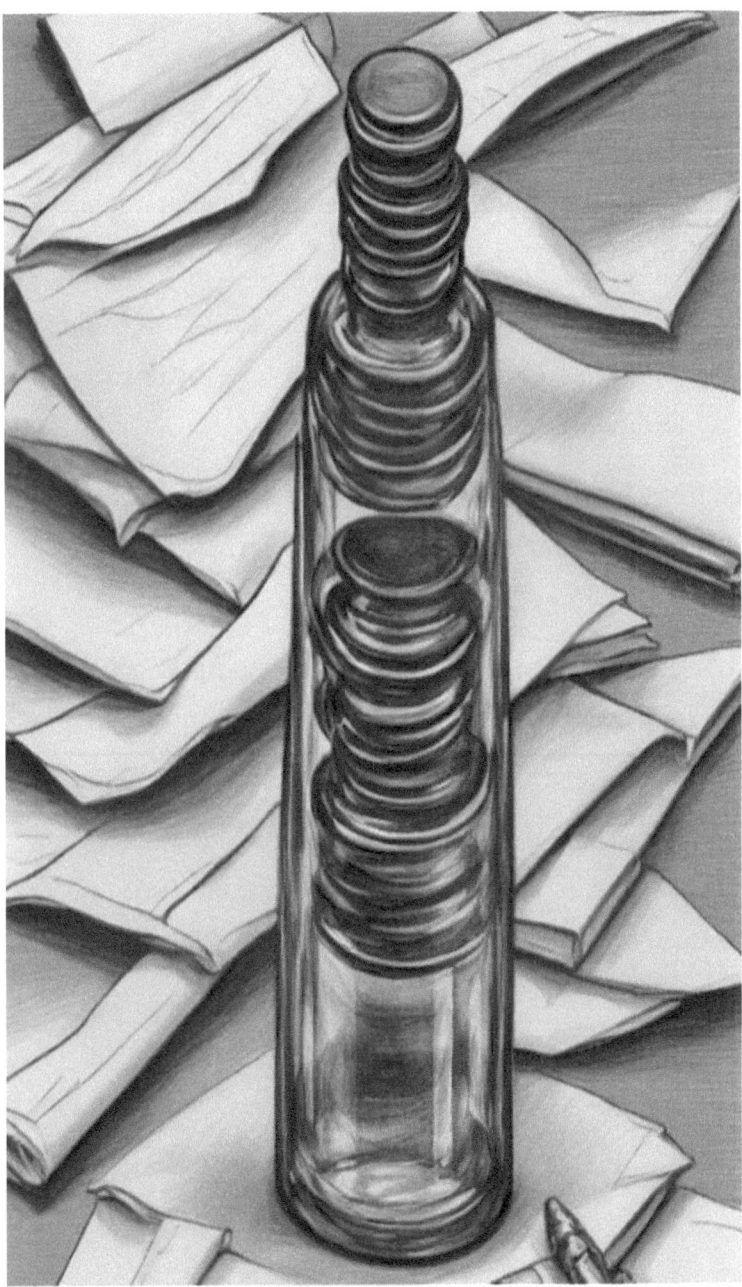

Aquel Lugar

Las memorias de un rincón secreto, donde la noche nos abrazaba sin preguntas, bajo la luna cómplice, su luz suave, sin juicio, solo complicidad.

Allí, en el vehículo silencioso, nuestros encuentros casuales, como pétalos por el tiempo, se fusionaban en palabras mudas

Donde no había culpa que ocultara la pasión que ardía en nuestros ojos, ni miedo que borraran los trazos de nuestros cuerpos ansiosos.

Ese lugar, testigo de nuestros suspiros, guarda en su metal y cuero la historia de dos almas, que se encontraron en la oscuridad.

Y aunque el tiempo desgaste los recuerdos, esa noche, esa luna, ese rincón, permanecen en nuestra memoria, como una chispa que nunca se apaga.

100 Poemas inspirados a lo largo de 10 años de una vida.

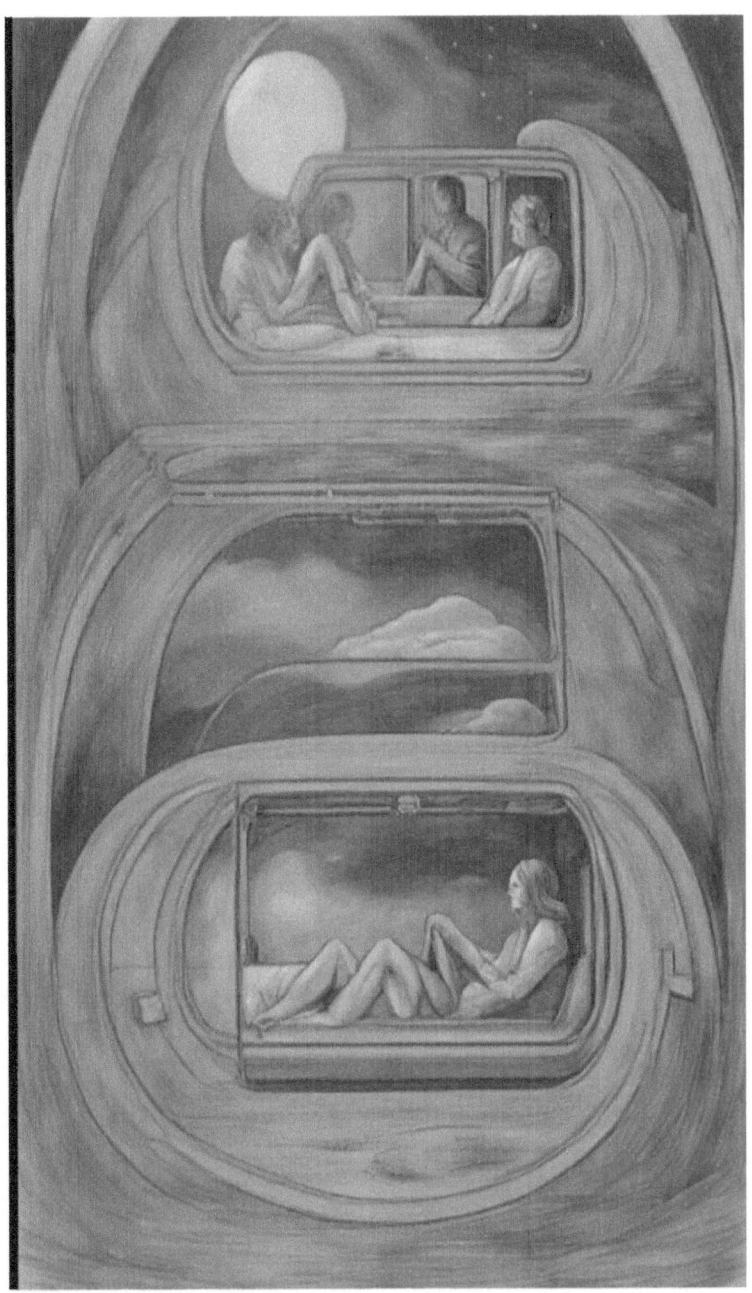

Lienzo

Con la penumbra de las horas, escribo mis vivencias sin fin, suplicando al destino, al guía, que me otorgue una breve tregua.

¿Cómo escapar de esta encrucijada? Mis sentidos se desvanecen, como luces que se apagan lentamente, y los pilares de mi existencia, uno a uno, caen como fichas de dominó.

La pluma traza líneas de melancolía, y el papel se convierte en testigo de mis lamentos y mis preguntas sin respuesta.

¿Dónde está la salida? ¿Cómo recobrar la luz que se desvanece?

100 Poemas inspirados a lo largo de 10 años de una vida.

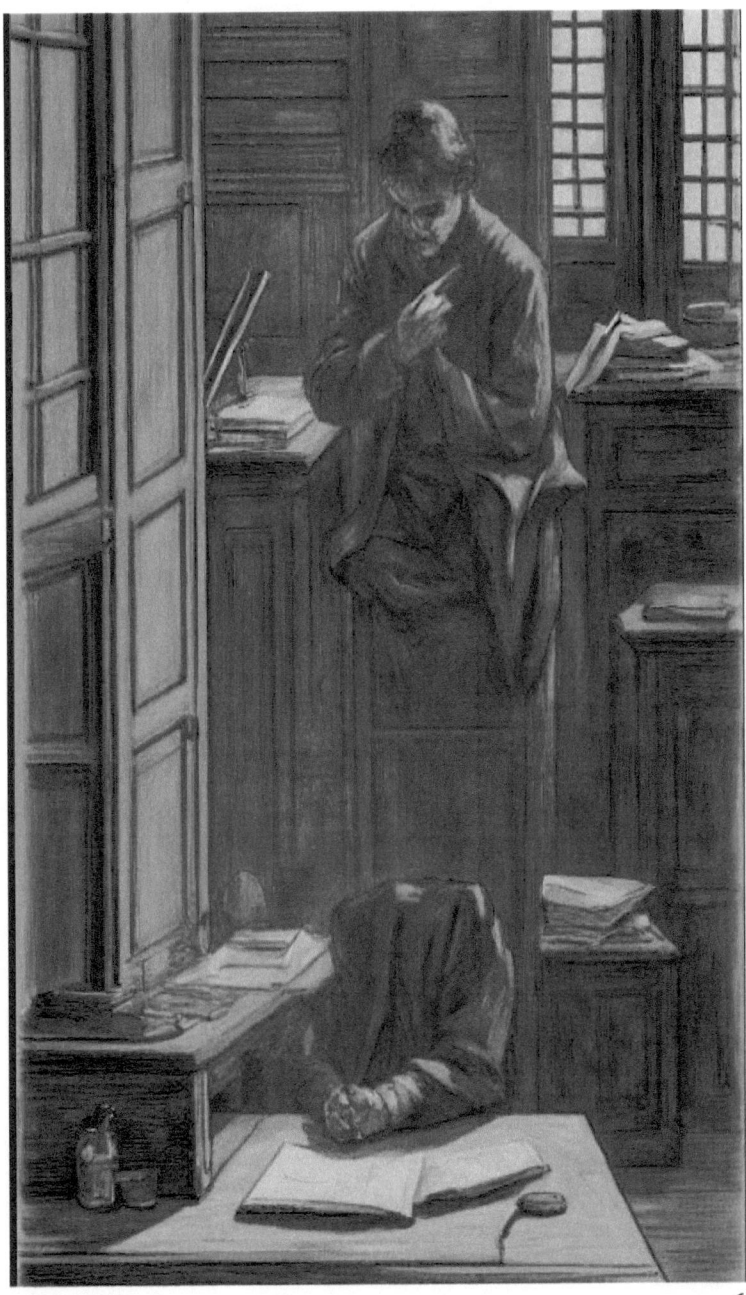

Triangulo

No quise que fuera así, pero de tener la oportunidad no cambiaría la historia, una historia que fluyó, como fluye el viendo.

Una historia que sin querer o intencional conecto tres caminos, haciéndolos uno, por un breve instante, que pareció una eternidad. Un camino contigo y con él.

Como un remolino me envolvió entre la vida de aquellos dos, que me hicieron participe de su historia.

100 Poemas inspirados a lo largo de 10 años de una vida.

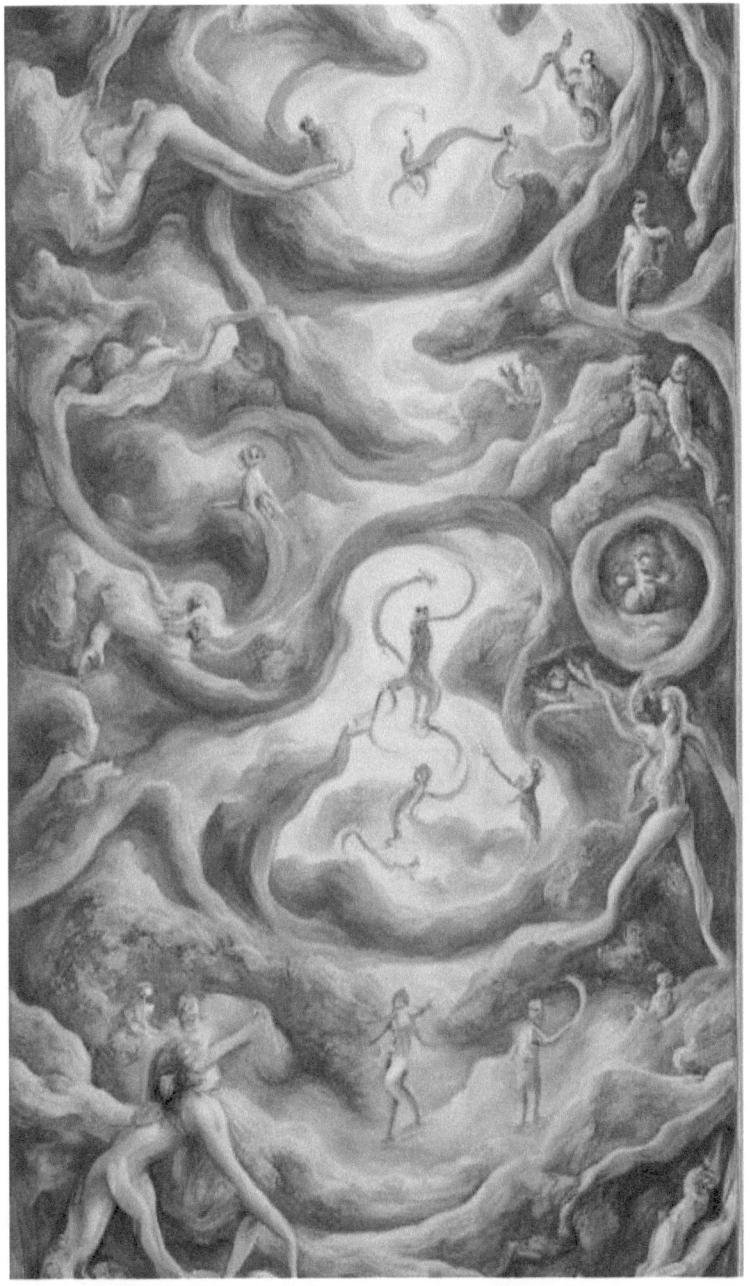

Basorexia

Es imposible explicar la basorexia al verte, el simple hecho de tu presencia despierta mi mente, y en un suspiro profundo y persistente, anhelo tus labios, dulce y ardientemente.

Como mariposas en un jardín secreto, mi corazón palpita rápido y quieto, esperando el roce de un beso perfecto, que calme esta pasión, este deseo inquieto.

100 Poemas inspirados a lo largo de 10 años de una vida.

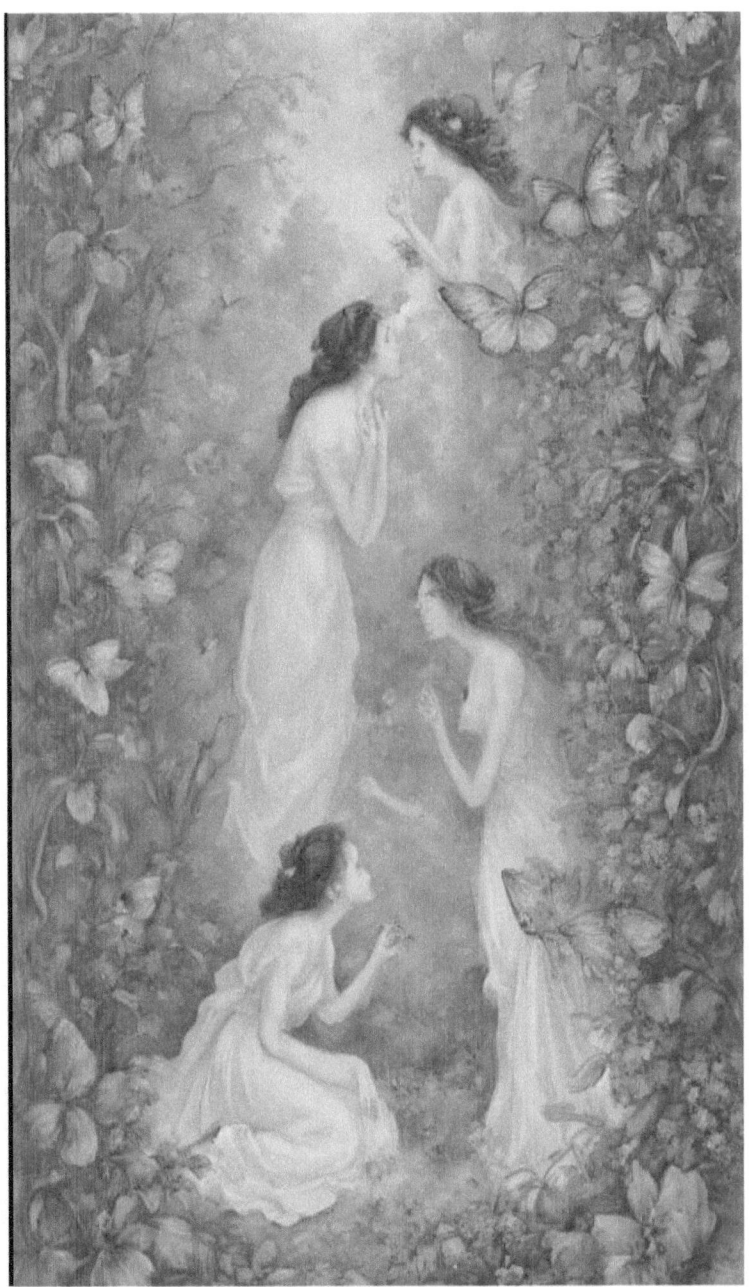

Feliz Día Madre

Mujer valiente, madre guerrera, que, en soledad, tu amor prospera, criaste a tus hijas con firmeza, nunca te rendiste, eres fortaleza.

Pequeña en tamaño, inmensa en alma, enfrentaste la vida con serena calma, sin desmayar, luchaste sin parar, grande entre mujeres, tu luz a brillar.

Madres hay muchas, pero pocas así, que sean padres y madres, un baluarte sin fin, te ganaste el cielo con tu entrega y amor, decirte feliz día, madre, para mi es honor.

Tus hijas son testigos de tu grandeza, del sacrificio y la entereza, una madre como tú, solo hay una, bajo el sol y la luna, eres fortuna.

Con tu ejemplo las guiaste, con tu amor las criaste, tu fuerza y tu coraje, siempre las inspiraste, feliz día de las madres, valiente y querida, tu amor nos acompaña, en esta y en todas las vidas.

100 Poemas inspirados a lo largo de 10 años de una vida.

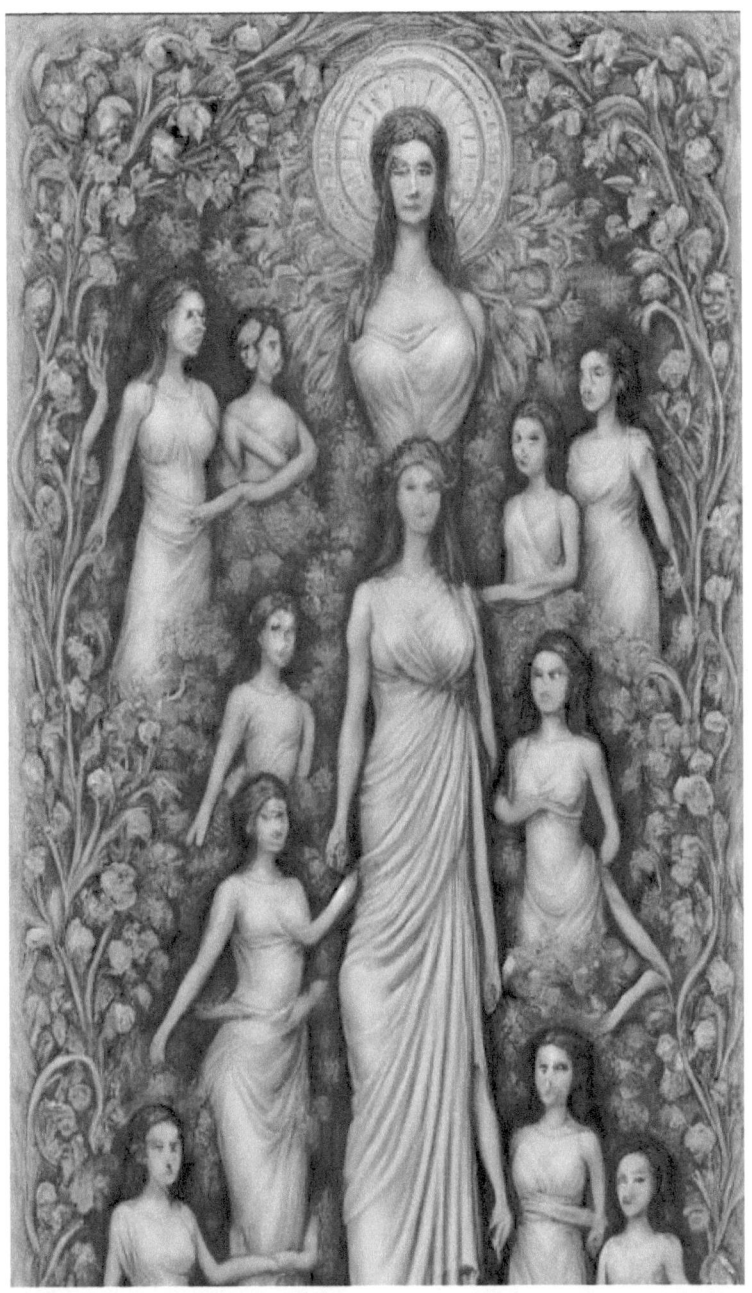

Ultima Bala

Y pensar que comencé a jugar la ruleta rusa sin darme cuenta, en el momento en el que comencé a confiar.

Siempre tan caminase, apostando a que la siguiente bala no me tocara a mí, tanto así que descargaba el arma hasta dos veces.

Jugando a ser el mejor viendo como uno a uno, era víctima de su propia mano, al jalar un gatillo, en una suerte de lotería.

Me vi impensable, al verlos caer uno a uno, hasta que, en el momento más alto, en tan solo un segundo y con un sabor metálico, más caliente que cualquier otra cosa, con una luz cegadora y un ruido ensordecedor.

Vi la traición de aquella arma en la que tanto confié.

100 Poemas inspirados a lo largo de 10 años de una vida.

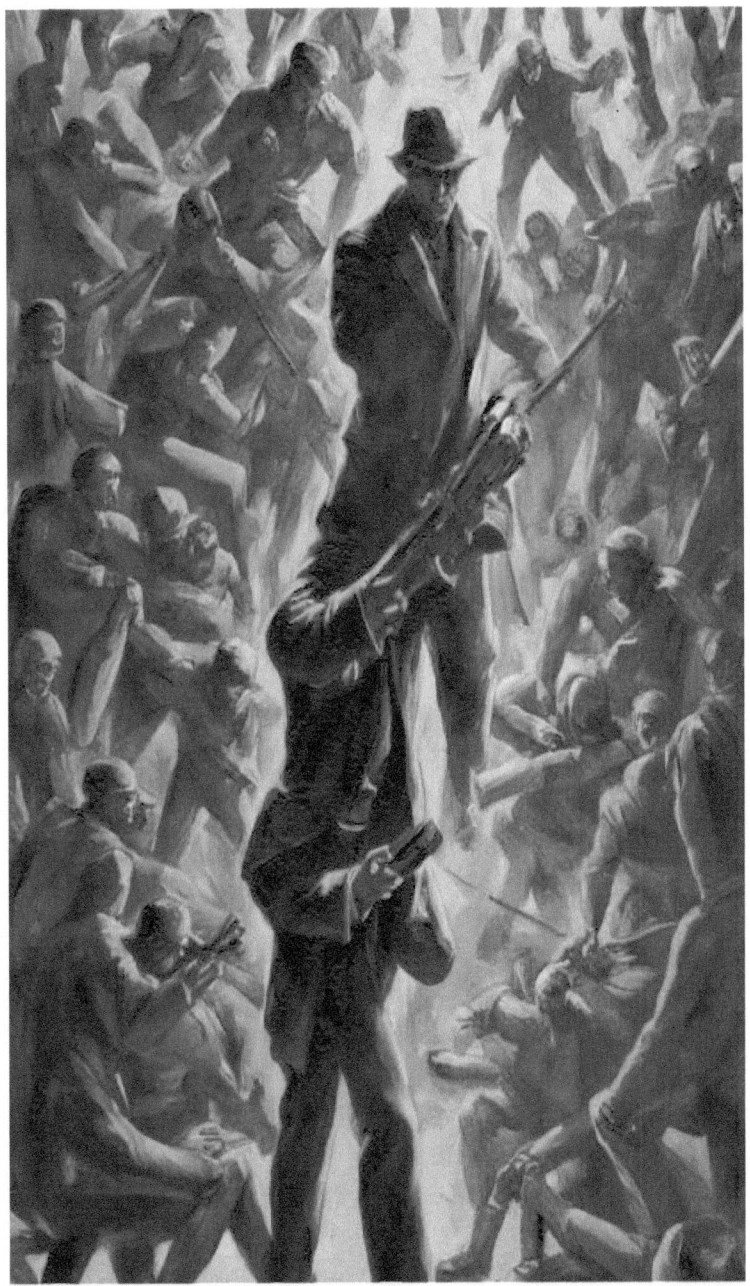

Debí

Debí aprender a ser hipócrita, a tejer engaños con hilos de seda, a sonreír mientras el alma llora, a ocultar la verdad tras una careta.

Debí aprender el arte del engaño, a disfrazar mis lágrimas de risa, a danzar en la cuerda floja de la vida, sin que nadie vea mi herida indecisa.

Así es como se vive, dicen los sabios, en un mundo de máscaras y apariencias, donde la verdad se esconde tras cortinas, y la sinceridad se viste de ausencias.

Pero yo, en mi soledad y añoranza, prefiero ser auténtico, vulnerable, sincero, aunque duela, aunque el mundo no lo entienda, porque en la verdad hallamos nuestro sendero.

100 Poemas inspirados a lo largo de 10 años de una vida.

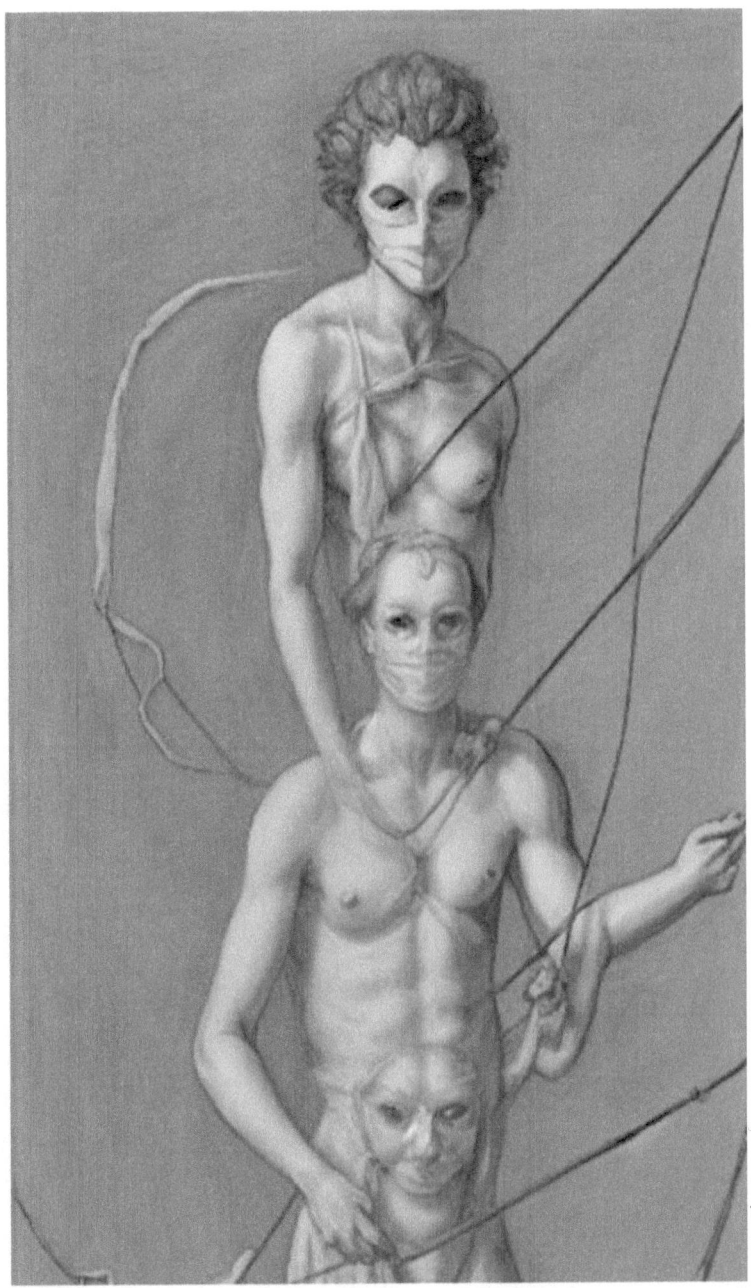

De Cien a Cero

De 100 a 0 en un segundo, sin tiempo para asimilar, así terminó todo, como un accidente brutal.

Los recuerdos se esparcieron, como vidrios rotos en el suelo, cada fragmento una herida, cada paso, un duelo.

El amor se desvaneció, como humo en el viento, dejando solo escombros, de un adiós en el tiempo.

Daños colaterales, en el corazón y el alma, un vacío que consume, una tristeza que no calma.

Pero en medio de la ruina, se alza una nueva esperanza, porque tras cada final, hay un nuevo comienzo que avanza.

100 Poemas inspirados a lo largo de 10 años de una vida.

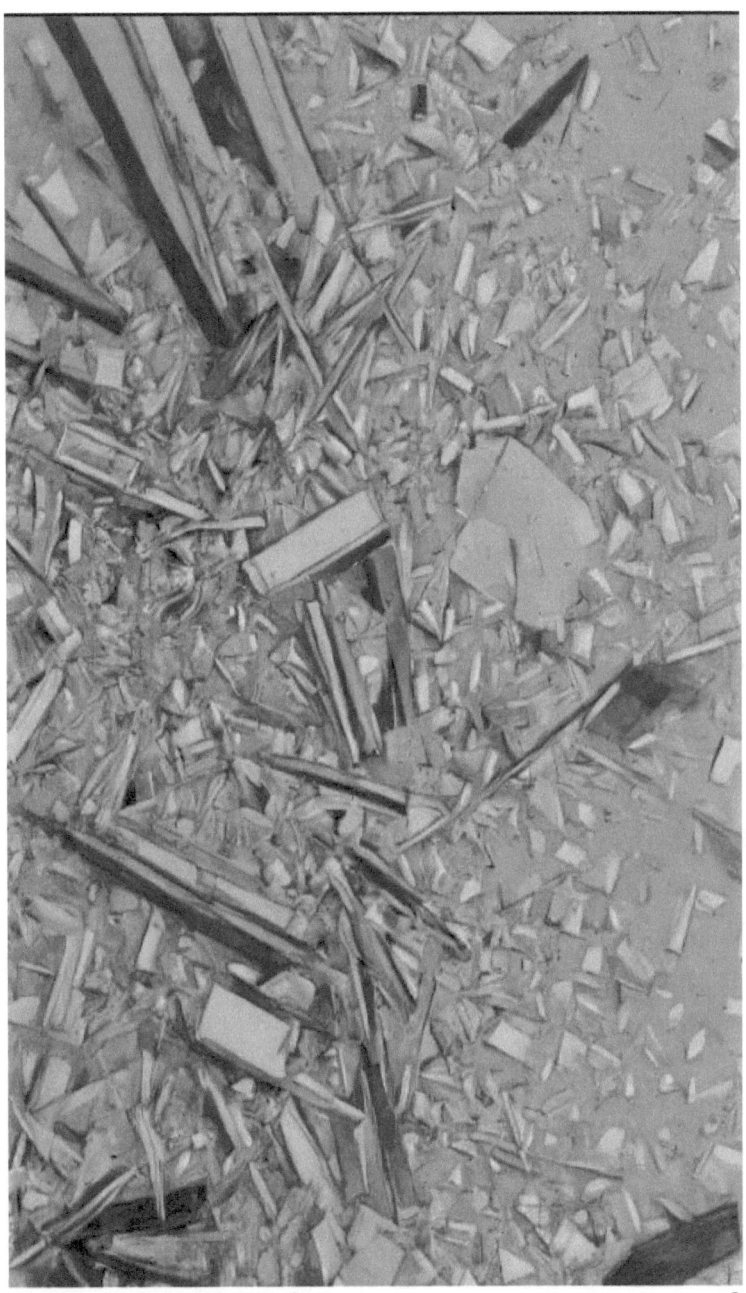

La Paradoja del Triunfo

Nos dijeron que solo había dos caminos, ganar o perder, sin más destinos. Pero en la victoria, ¿qué se sacrifica? ¿Cuánto se pierde en la lucha infinita?

El ganador, con su trofeo en mano, lleva consigo un peso insano. Las noches sin sueño, los días de afán, ¿valen más que el simple afán?

El perdedor, con su derrota a cuestas, quizás ganó más en sus respuestas. Evitó el costo de la gloria vana, y halló paz en su alma humana.

Al final, ¿quién pierde más? ¿El que ganó y sufre en paz, o el que perdió y encontró un camino que nunca imaginó?

La vida no es blanco y negro, es un lienzo de matices, donde ganar y perder son solo partes de lo que dices.

100 Poemas inspirados a lo largo de 10 años de una vida.

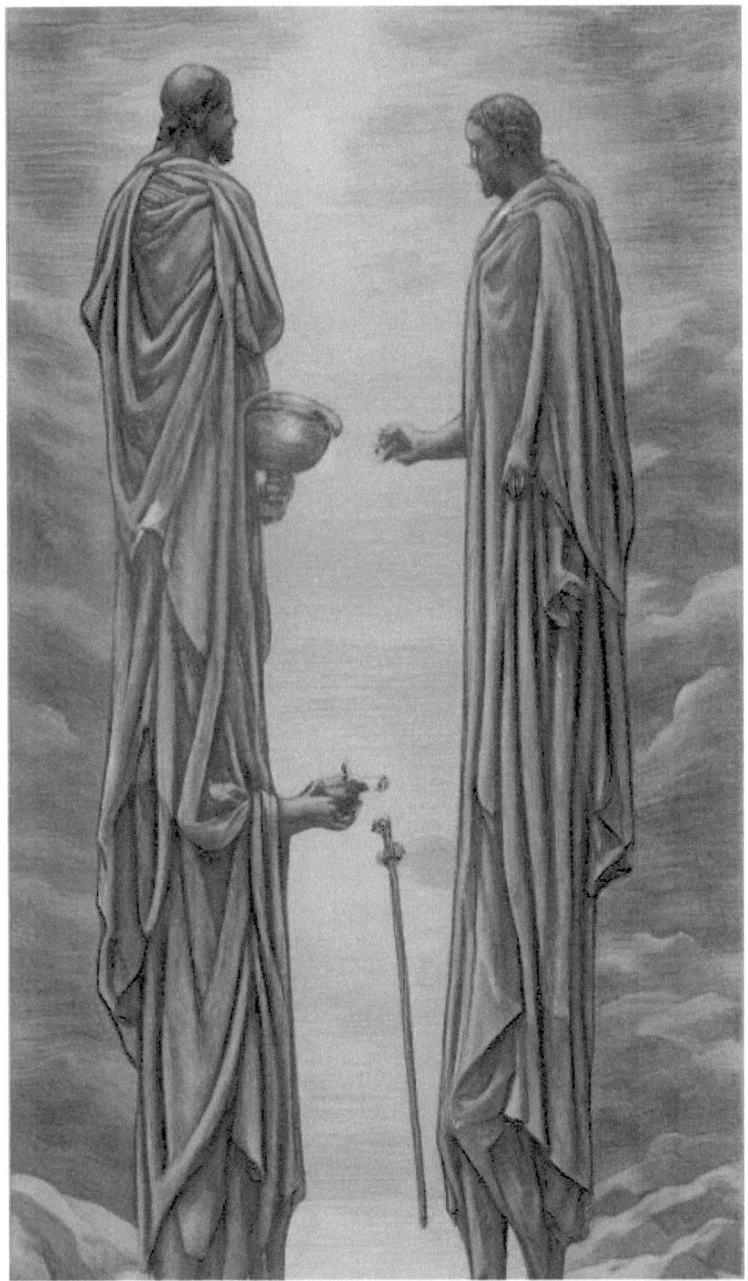

Mundo Pequeño

Tan pequeño que es el mundo, para tan grandes caminos que decidimos tomar el uno del otro.

Como si fuera imposible que coincidir en el mismo lugar, como si nunca hubiésemos dejado de ser uno, ya que no podemos ocupar el mismo espacio.

Quizás coincidamos con personas, con calles, con lugares, pero nunca con el tiempo de encontrarnos en el mismo lugar.

En aquel lugar llamado futuro del que tanto hablamos.

Ya no es uno, sino, dos caminos los que recorremos, no sé si caminos opuestos o paralelos, pero si de algo estoy seguro es que son caminos diferentes.

100 Poemas inspirados a lo largo de 10 años de una vida.

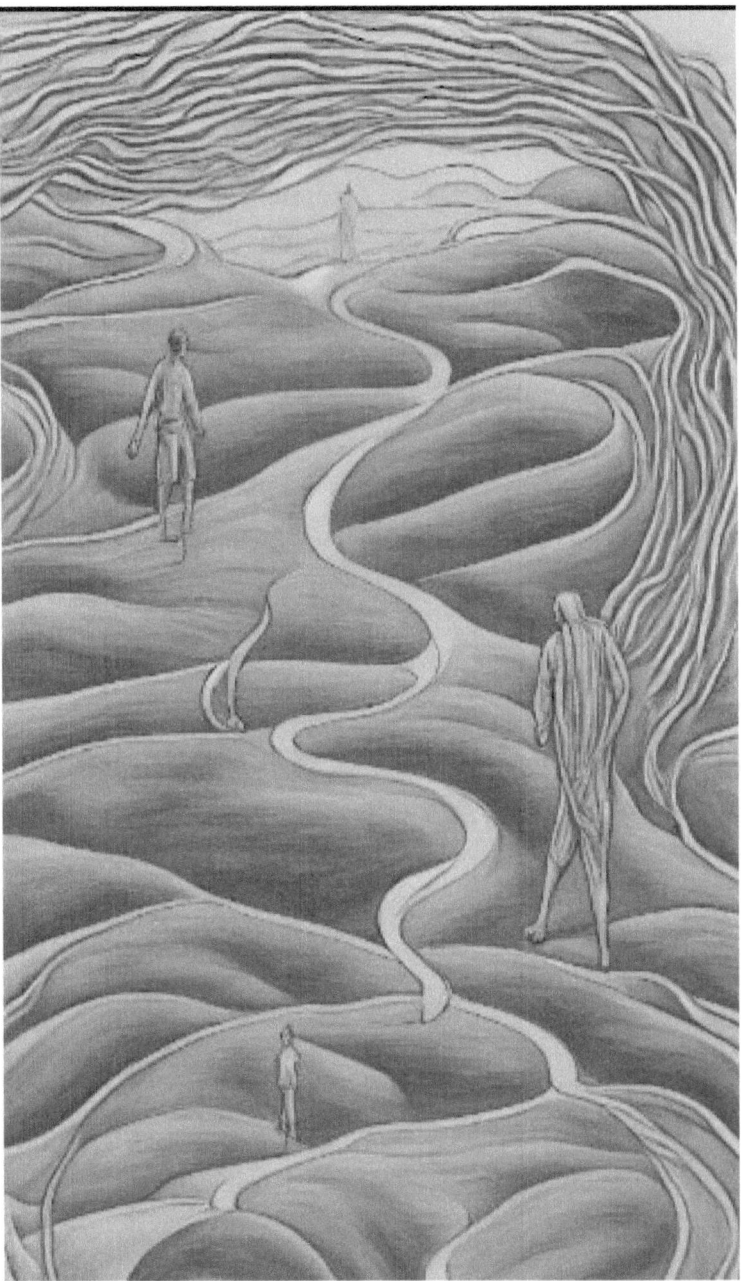

Mascaras

En un mundo de máscaras y rostros velados, el camina con disfraces, por miedos atados. Cambia su careta con cada nuevo día, ocultando su esencia, su pura alegría.

Pero un día en su trabajo, la vista se le aclara, al verla a ella, cuya alma desnuda declara una verdad sin miedo, sin falsa apariencia, en su rostro se lee pura transparencia.

El, cautivado por su luz entre sombras, siente que su corazón en el pecho retumba. Ella, con su sonrisa, rompe toda barrera, en un mundo opaco, ella es primavera.

Ella no lleva máscara, no conoce el disfraz, en sus ojos se refleja lo que El siempre anheló hallar. En un instante se enamora, sin duda ni temor, pues ella representa todo lo que él buscó.

Ahora Él se atreve a dejar su máscara caer, ante ella se muestra, sin nada que esconder. Dos almas en un baile, en sincero encuentro, descubren el amor, el más dulce centro.

100 Poemas inspirados a lo largo de 10 años de una vida.

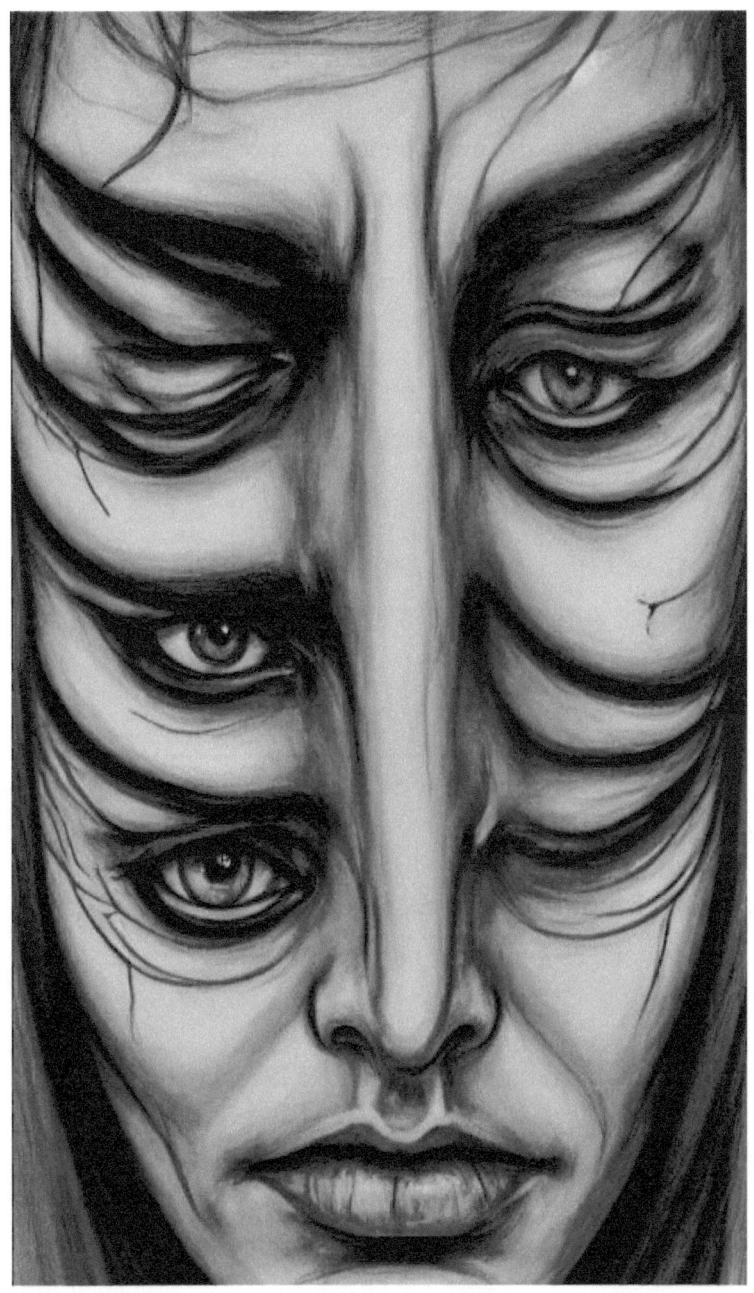

Verdad

En la penumbra de mis sueños, una verdad oculta se desliza, como un río subterráneo, bajo la piel de la vida.

Fue un susurro en la brisa, un eco en el corazón, una ilusión que persistía, a pesar de la confusión.

La verdad que creí conocer, era solo un reflejo distante, un espejismo que me hizo temer, la realidad, en su forma vibrante.

Así viví, en un mundo paralelo, donde las sombras danzaban, y la mentira tejía su velo, mientras mi alma se desangraba.

Pero ahora, al fin despierto, la verdad emerge como un sol, iluminando cada recuerdo incierto, y rompiendo el hechizo que me atrapó.

La realidad, cruda y desnuda, se alza ante mí, sin disfraz, y aunque duela, es mi ayuda, para sanar las heridas que dejó atrás.

Una verdad absolutamente diferente a la realidad.

100 Poemas inspirados a lo largo de 10 años de una vida.

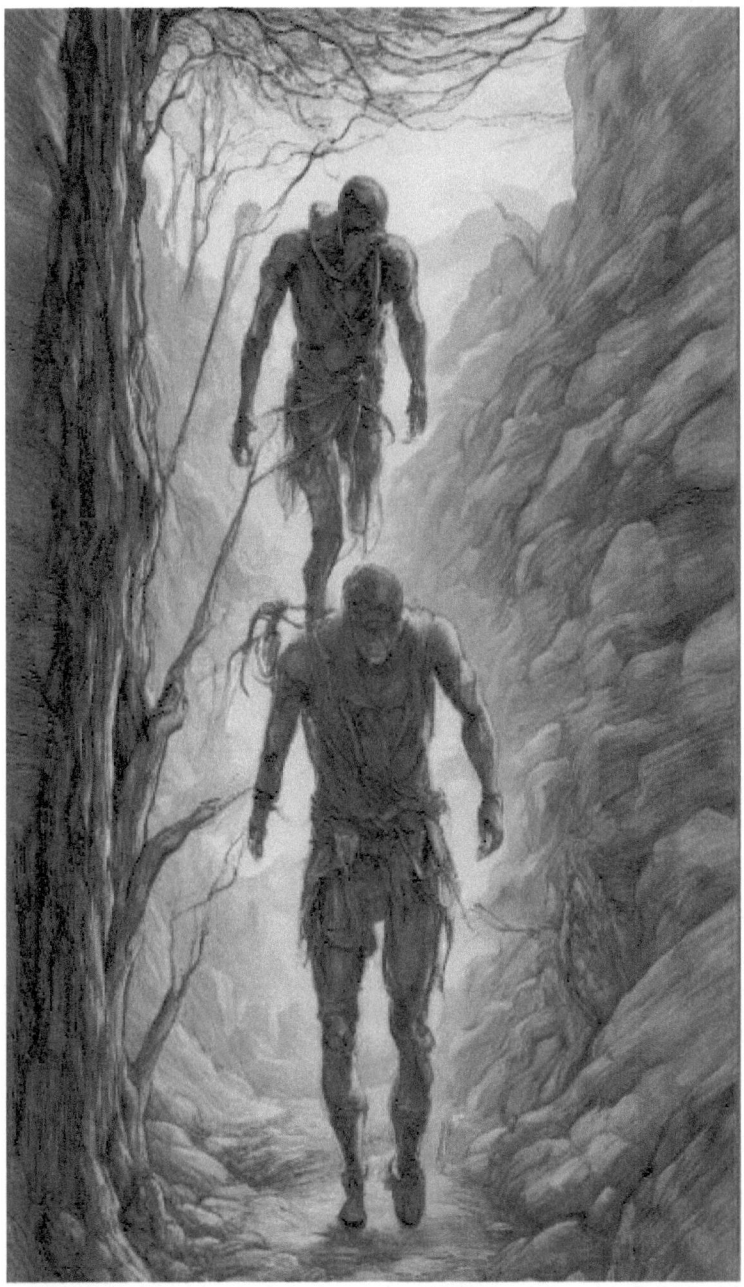

EL Niño

Hola soy el niño,

Por mucho tiempo he querido decirte esto, pero lamentablemente no se en que momento perdí la conexión con mi adulto, ¿Sabes? No siempre fue así, cuando yo estaba mi yo era tierno, era amable, era bueno, no sabía lo que era la maldad en la forma de hacer daño, mi maldad era juguetona, de esas que si te las cuento te dan risa.

Pero de verdad no se en que momento dañaron tanto a este ser, que con el tiempo dejo de ser tierno, de ser amable y de ser bueno, la vida lo ha castigado de formas que no cualquiera soportaría, tantos insultos, tantas mentiras hicieron que el miedo quemara el puente entre ese ser y todo lo que se quedó de este lado del puente.

Lamentablemente el miedo y el dolor, el desprecio y la maldad de mucho, fueron aumentando la brecha entre ese ser y yo.

Incomprendido por el hecho de no poder conectar con lo que una vez fue y tanto añora volver a tener, pero esa brecha, ese miedo no lo permiten.

Abandonado muchas veces fue y otras muchas engañado, con un nudo en el alma camina por la vida sin dejar que nadie lo cure, pues su creencia está en que para que arreglar lo que se puede volver a romper.

Es difícil soportar el dolor, pero es aún más difícil cuando ese dolor te lo provocan tus seres más queridos.

Perdónalo por no comprenderte, quizás no tenía la paciencia que necesitaba para salir a flote, pero la vida no le enseñó la paciencia, la vida le enseñó a no ser vulnerable, a no enseñar sus heridas, a creer en gente que no apostaran a él nunca y determinar que todos eran iguales.

Yo sé lo que es confiar en alguien más, pero el no, porque fue una de las cosas que se quedaron atrás.

Ese ser andante lucha por no perderse, por no rendirse, por no dejar todo atrás en un acto de cobardía, como dejar de vivir, no, pero cada día desde lo más profundo de donde ese ser me dejo, siento que va perdiendo una batalla que no se buscó de una guerra a la cual lo involucraron sin su previo conocimiento.

Pero algo si se llevó con él y fue la verdad, por eso sé que todo lo que te prometió es cierto, pero de que vale la palabra de un ser que ha dejado de creer en sí mismo.

El abismo se hace cada vez más grande, cada vez que ese ser les falla a las personas que tanto yo como el sabemos que ama de verdad, ese abismo se hace más y más grande.

Lo veo correr alejándose del abismo y aún más de mí y la verdad no sé qué pase el día que ese ser caiga en él, ya que le queda poco a lo que aferrarse.

Gracias por intentar reconstruir un puente entre nosotros, lo hiciste bien al punto de poder hacerte llegar este mensaje.

Recuérdame como aquel niño que intento ser libre, aquel niño que envidio la forma en la que tu ser dejo libre a su niña, para vivir una vida inocente y ver todo con ojos de maravilla, como si todo fuera nuevo, que puede ver la belleza en cualquier lugar.

Te admiro, te respeto y te agradezco. Desde lo más profundo de un ser que casi me olvida.

100 Poemas inspirados a lo largo de 10 años de una vida.

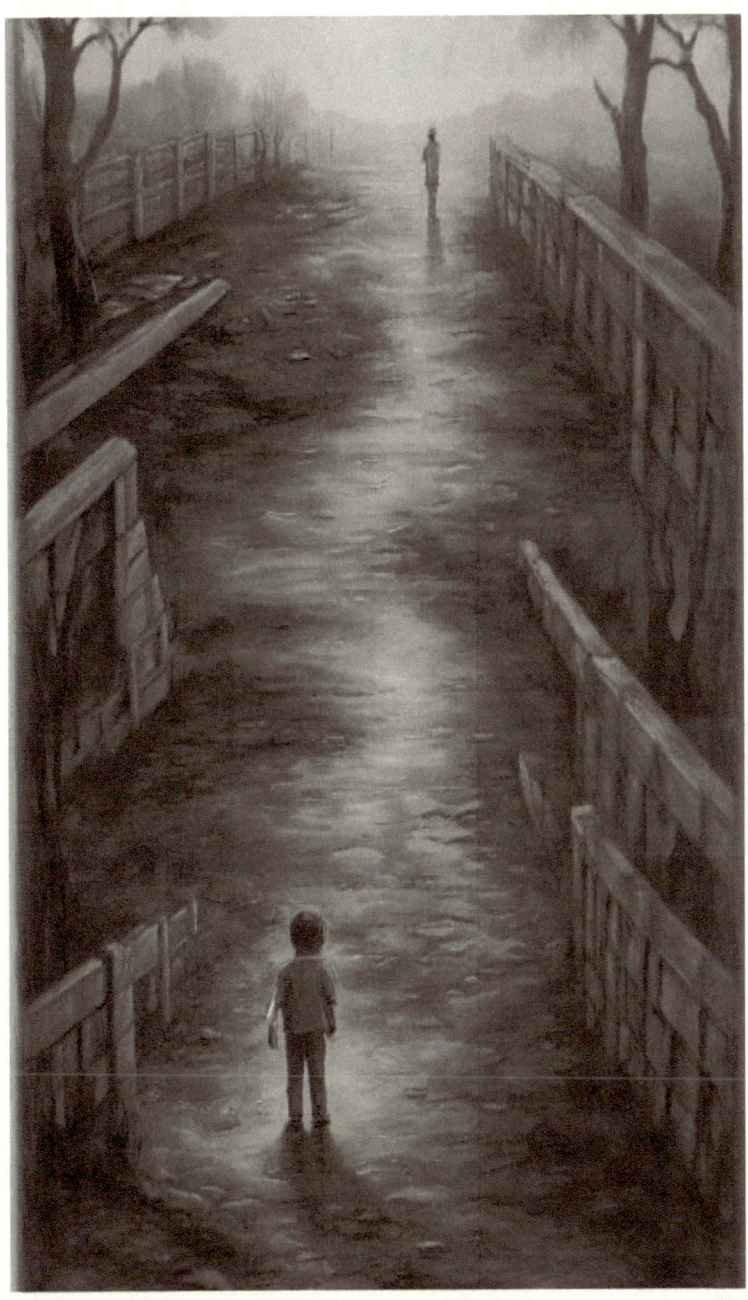

La Oración del No se

Recorrí un camino tan largo como a una oración de distancia, pero a millones de kilómetros de mi fe, para decirte:

No sé a dónde ir desde aquí. No sé qué está pasando. No sé cómo procesar esto. No sé qué hacer con estas emociones. No sé cómo manejar esta situación.

Pero tu si sabes.

100 Poemas inspirados a lo largo de 10 años de una vida.

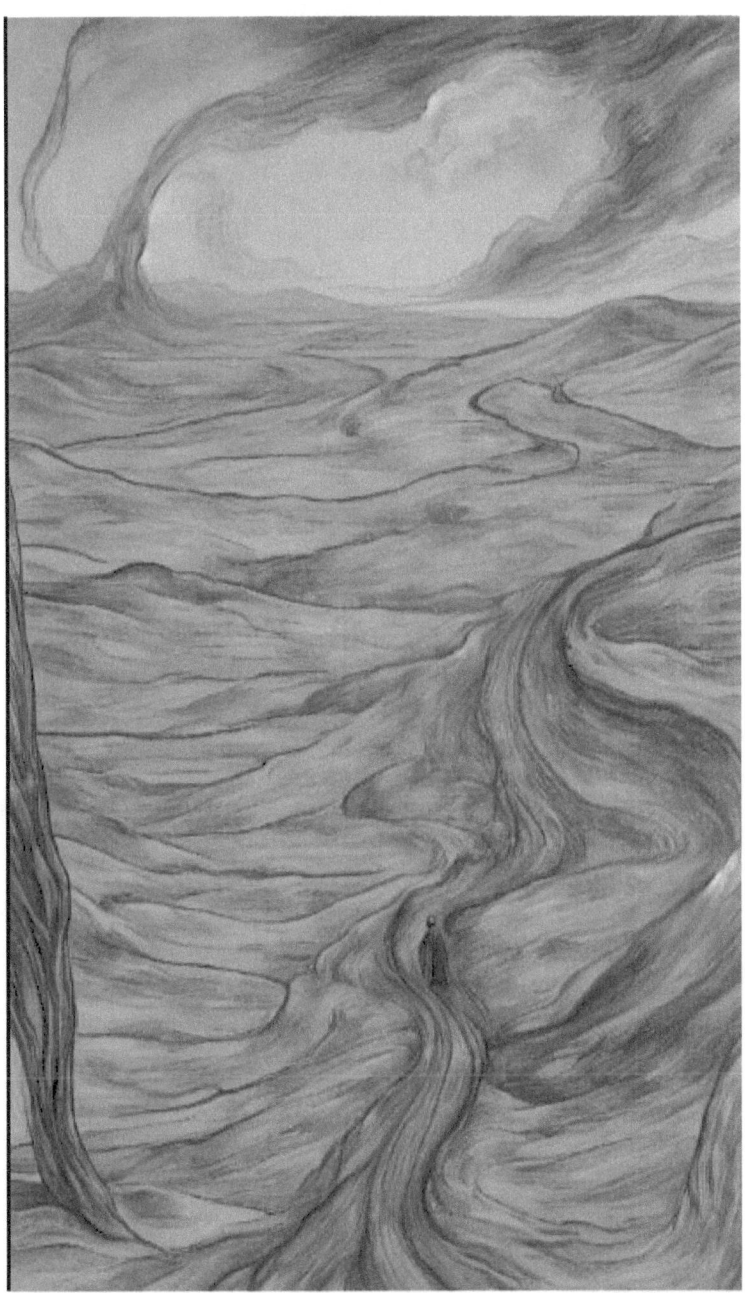

Una de Cada

Una década escribiendo, en el papel de la vida, con tinta de experiencias, algunas dulces, otras de heridas.

Diez años de historias, de páginas ya vividas, con aciertos que sonríen, y desaciertos que enseñan, en la memoria retenidas.

Sentimientos desbordados, como ríos en creciente, alegrías y tristezas, en el corazón latente.

Amor que llega y parte, amistad que permanece, y la pasión que arde, en el alma que nunca obedece.

Deseos que son estrellas, en el cielo de la noche, algunos brillan intensos, otros se esconden tras el broche. Sueños que se construyen, con el esfuerzo de cada día, y la esperanza que guía, como faro en la bahía.

Relaciones que son puentes, entre islas de existencia, unas fuertes como rocas, otras frágiles en esencia.

Encuentros que marcan, despedidas que duelen, y lazos que se entrelazan, en el tejido de lo que somos.

Una década concluye, otra se asoma en el horizonte, con palabras nuevas para escribir, en el eterno monte.

La vida sigue su curso, como río hacia el mar, y yo sigo escribiendo, mi historia sin final.

100 Poemas inspirados a lo largo de 10 años de una vida.

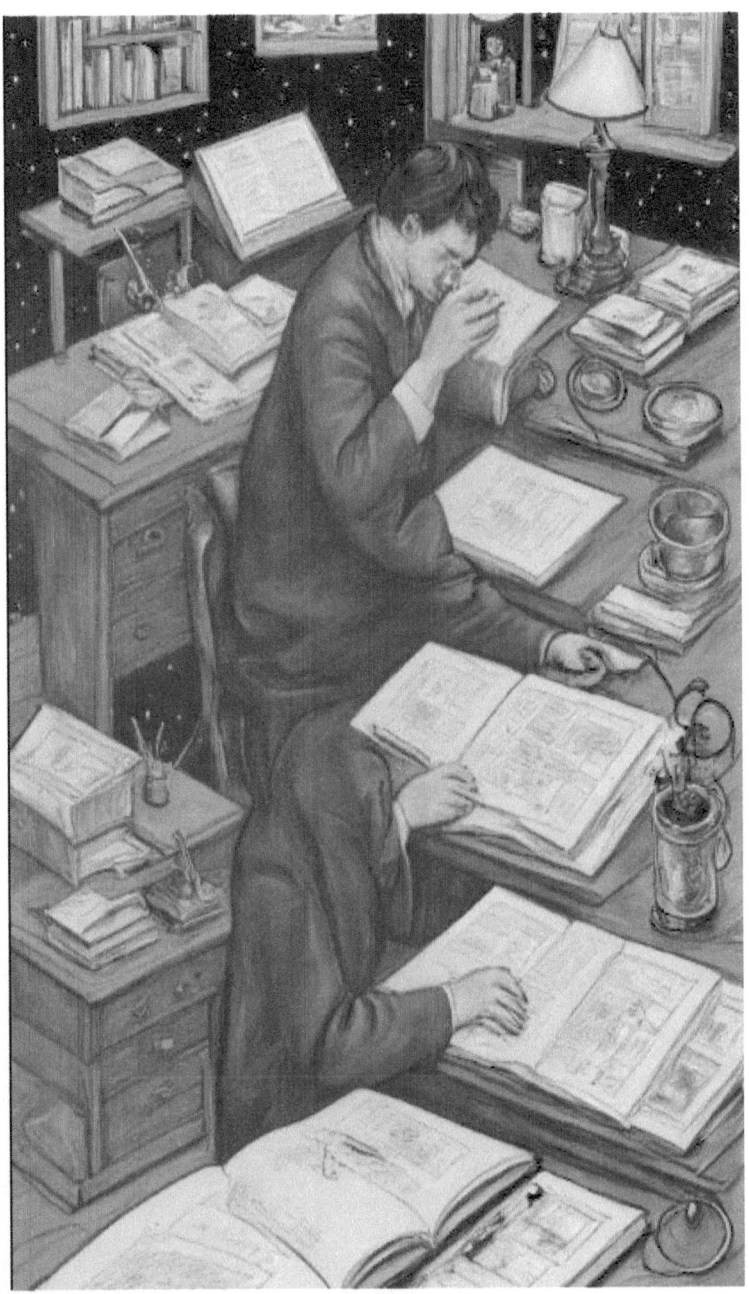

Otra Navidad

Después de más de tres años, mi primera Navidad sin ti, honestamente no sé qué hacer, ni adónde ir.

No tengo con quién compartir, pues mi mundo giraba a tu alrededor, eras mi sol y se apagó, dejando planetas, estrellas y satélites sin rumbo.

Sin amigos, sin dirección, aquí me encuentro, a solas en mi cama, mirando el techo, preguntándome:

¿Cuántas Navidades más me perderé de tu presencia?

100 Poemas inspirados a lo largo de 10 años de una vida.

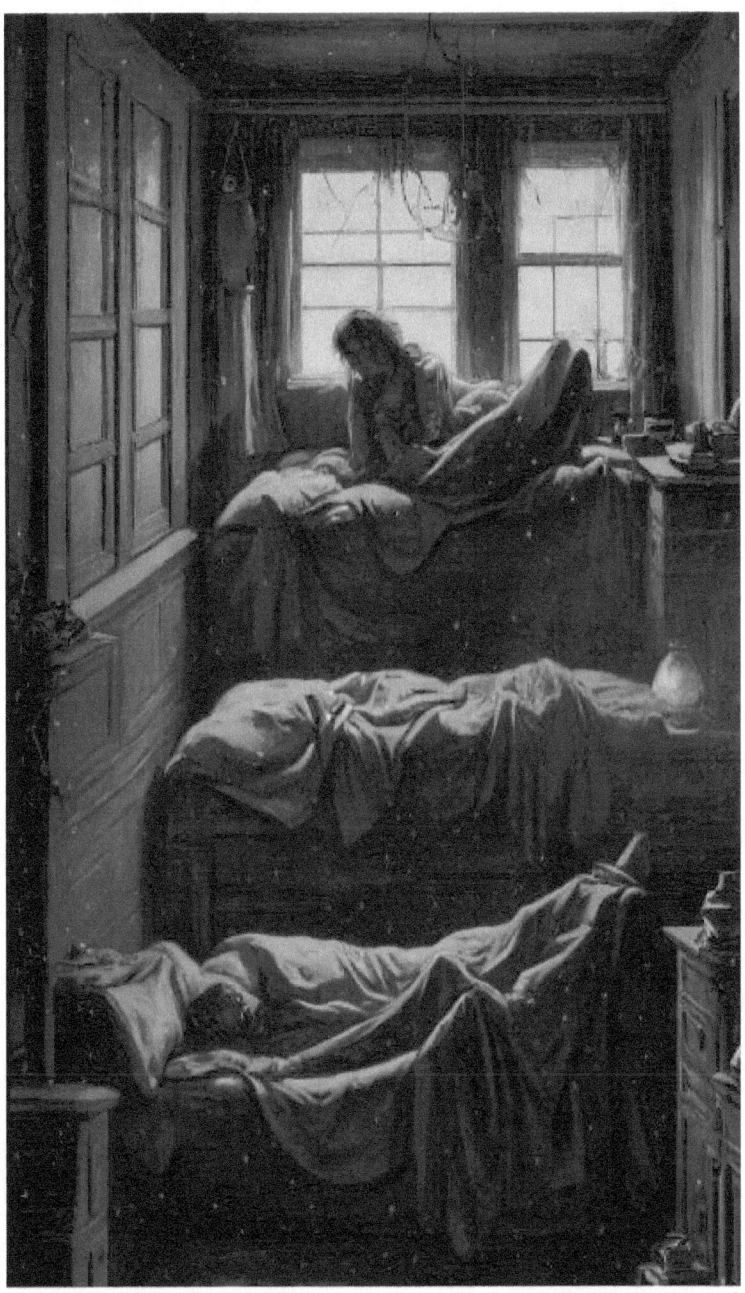

El Compas de Arquímedes

Fuimos dos piezas del compás de Arquímedes, en el mismo espacio, en el mismo lugar, trazando elipses en un baile sin final, destinados a nunca colisionar.

Tus ojos, miradas que chocan en mi firmamento, mi corazón, un punto fijo en tu andar, giramos juntos, en un eterno intento, de encontrarnos sin jamás chocar.

Como elipses perfectas, nuestras almas, se acercan y se alejan en un vaivén, sin romper la armonía de sus palmas, sin tocarse, pero siempre en el mismo tren.

En la geometría de nuestro destino, somos líneas que nunca se cruzarán, pero en cada giro, en cada camino, nuestra complicidad eterna, siempre brillará.

100 Poemas inspirados a lo largo de 10 años de una vida.

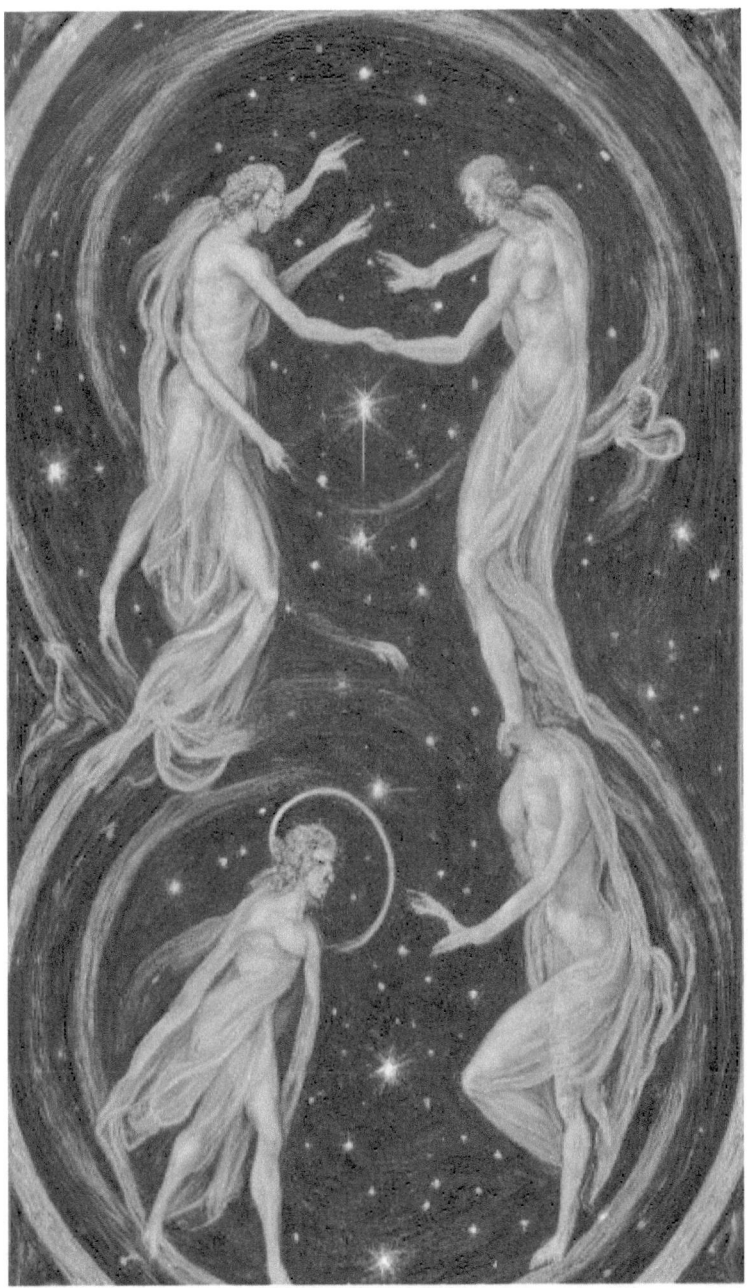

Etapas

Aquello que tanto anhelé, un para siempre en mi corazón, se desvaneció como se desvanece el aliento de un moribundo, solo otra etapa en mi canción.

Me negué a creer en su partida, aferrado a una resonancia del ayer, pero el tiempo, sabio y sereno, me enseñó a dejarlo ir, a renacer.

Cada recuerdo, un pétalo caído, en el jardín de mi memoria, donde el amor floreció y se fue, dejando huellas en mi historia.

Ahora camino con la certeza, de que cada etapa tiene su fin, y aunque duela soltar el pasado, nuevos sueños están por venir.

100 Poemas inspirados a lo largo de 10 años de una vida.

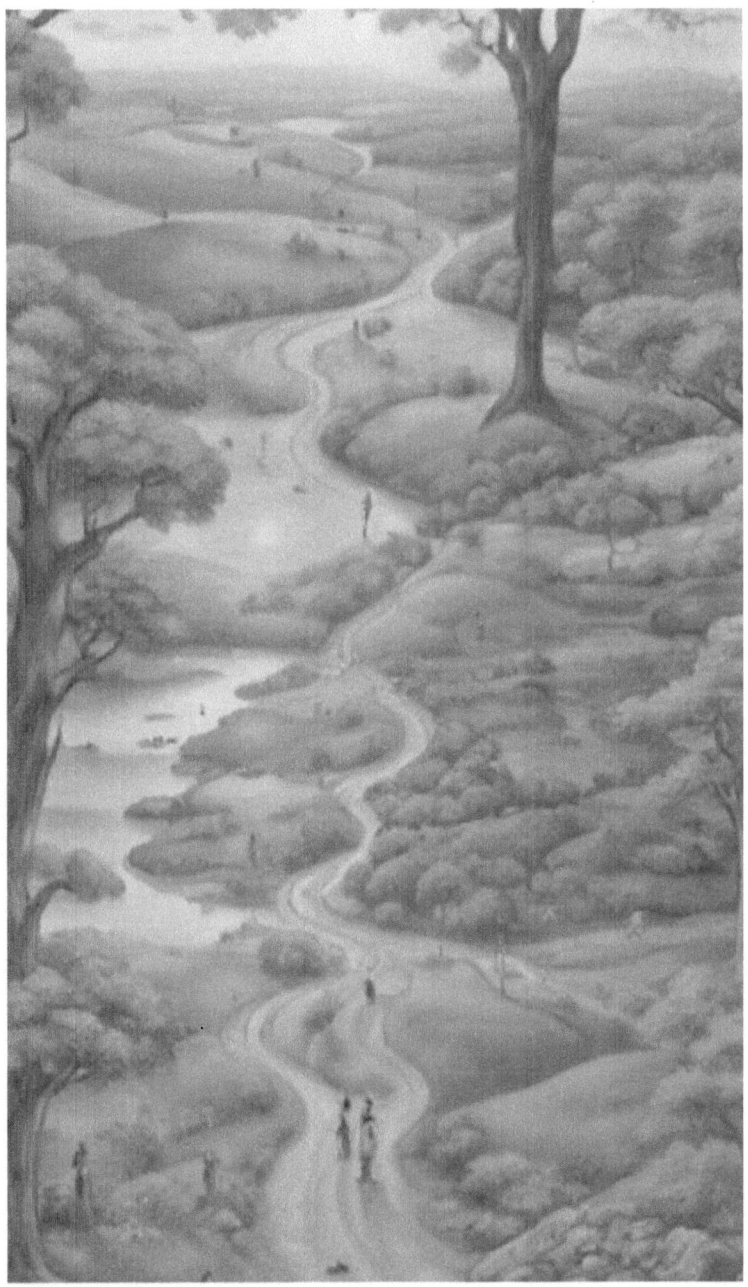

Migos

En la mesa redonda de los amigos mismos, se sientan los pensamientos, las dudas y los anhelos. Cada uno con su voz única, como notas en un acorde, debatiendo el futuro y las encrucijadas.

Unos, con miedo, susurran cautela al oído interno. Otros, con rabia, golpean la mesa con palabras afiladas. Y hay quienes, en sí mismos, piensan con inteligencia, trazando caminos luminosos.

Como un consejo, escucho sus voces, y en ese coro de almas, encuentro el mejor camino. Hemos fallado, hemos logrado, pero siempre estaré aquí, en la mesa de los amigos mismos, donde la conversación eterna es conmigo.

100 Poemas inspirados a lo largo de 10 años de una vida.

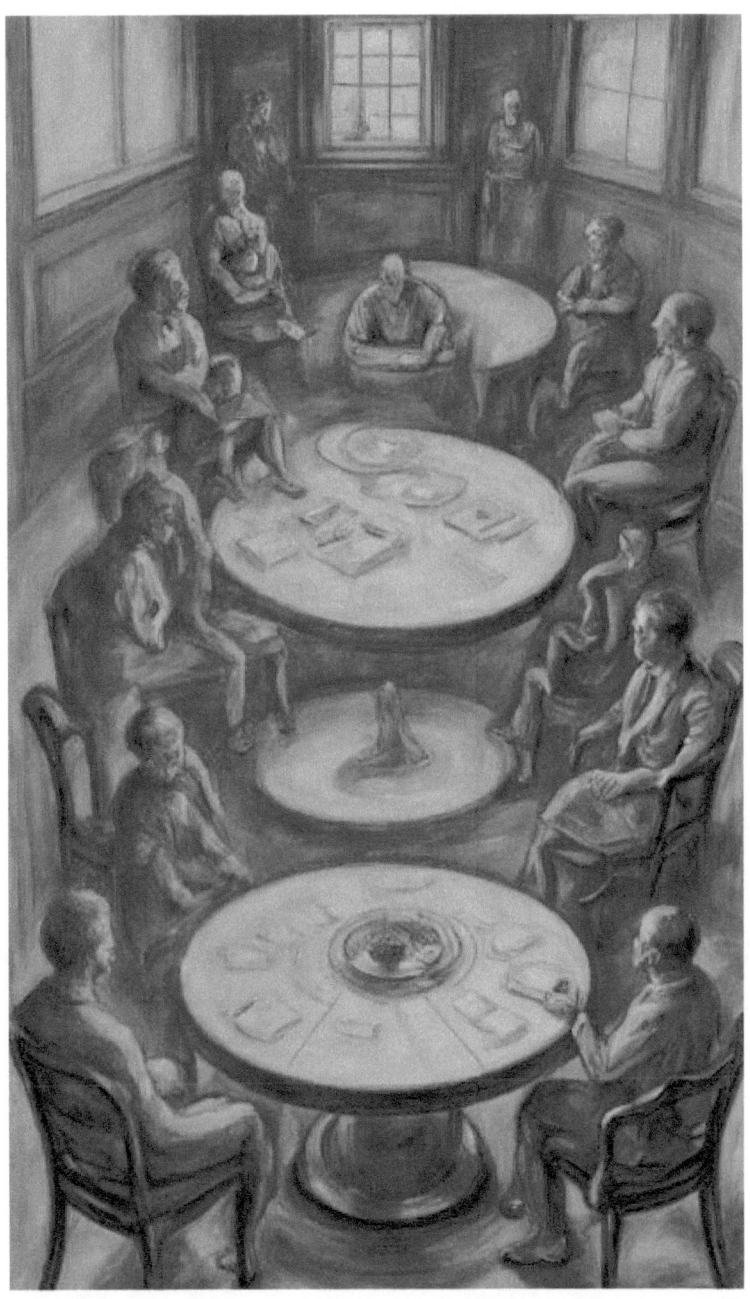

El Adiós

Con la palabra volviste, lo recibí, dándole un abrazo por la amistad que forjamos de verlo de tanto en tanto.

Le pregunte, ¿vienes por un hasta luego o por un para siempre?, a lo que me respondió, aun no has aprendido que eso no es lo importante.

¿Le volví a preguntar y entonces que es?

Y me dijo, no es lo que me llevo, sino, lo que te dejo.

Reclamando le dije, pero no me dejas nada más que un vacío inmenso de ausencia.

Y me respondió con una sonrisa:

Te dejo recuerdos de momentos únicos, te dejo lecciones, te dejo memorias, te dejo huellas, te dejo un camino, te dejo fortaleza, te dejo sabiduría.

Me dio un abrazo y se despidió diciendo descuida solo es un hasta luego.

Y así se marchó el adiós.

100 Poemas inspirados a lo largo de 10 años de una vida.

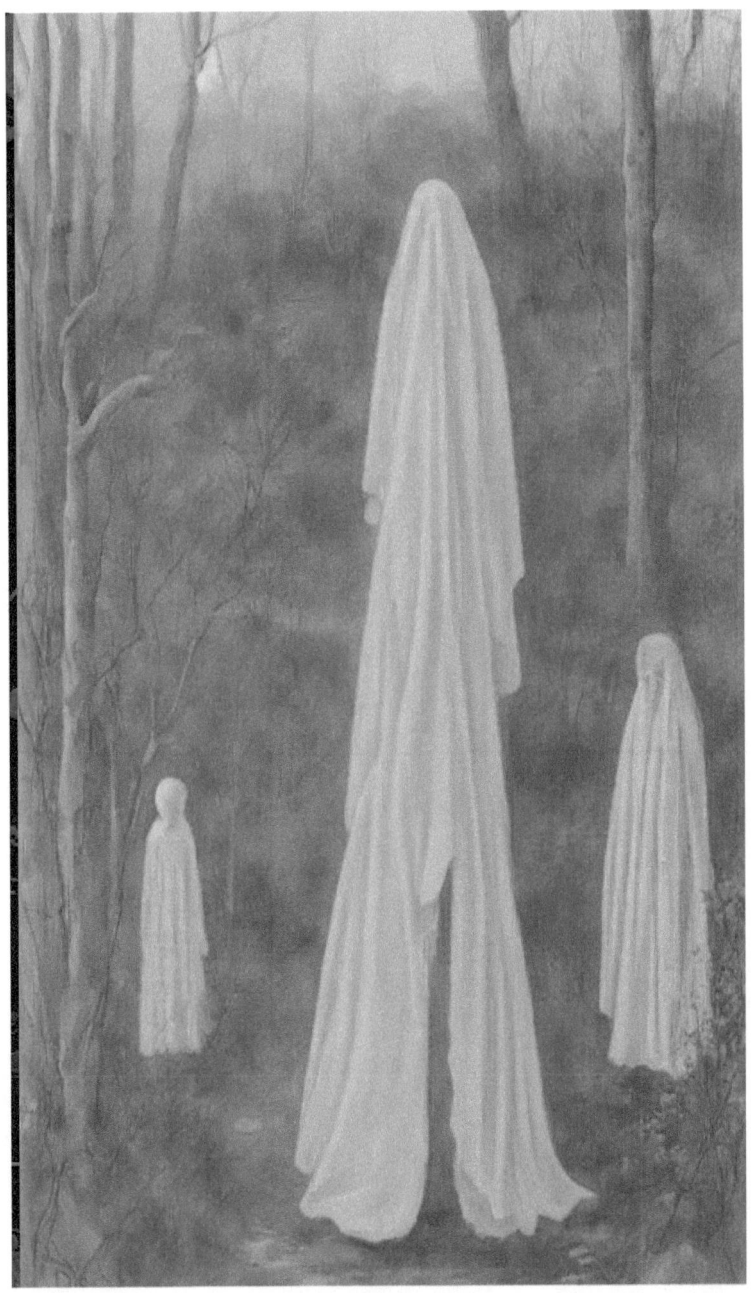

El Ser

Que tan difícil puede ser querer olvidar a un ser, a lo mejor puede ser porque ese ser ya se volvió darte de nuestro ser.

100 Poemas inspirados a lo largo de 10 años de una vida.

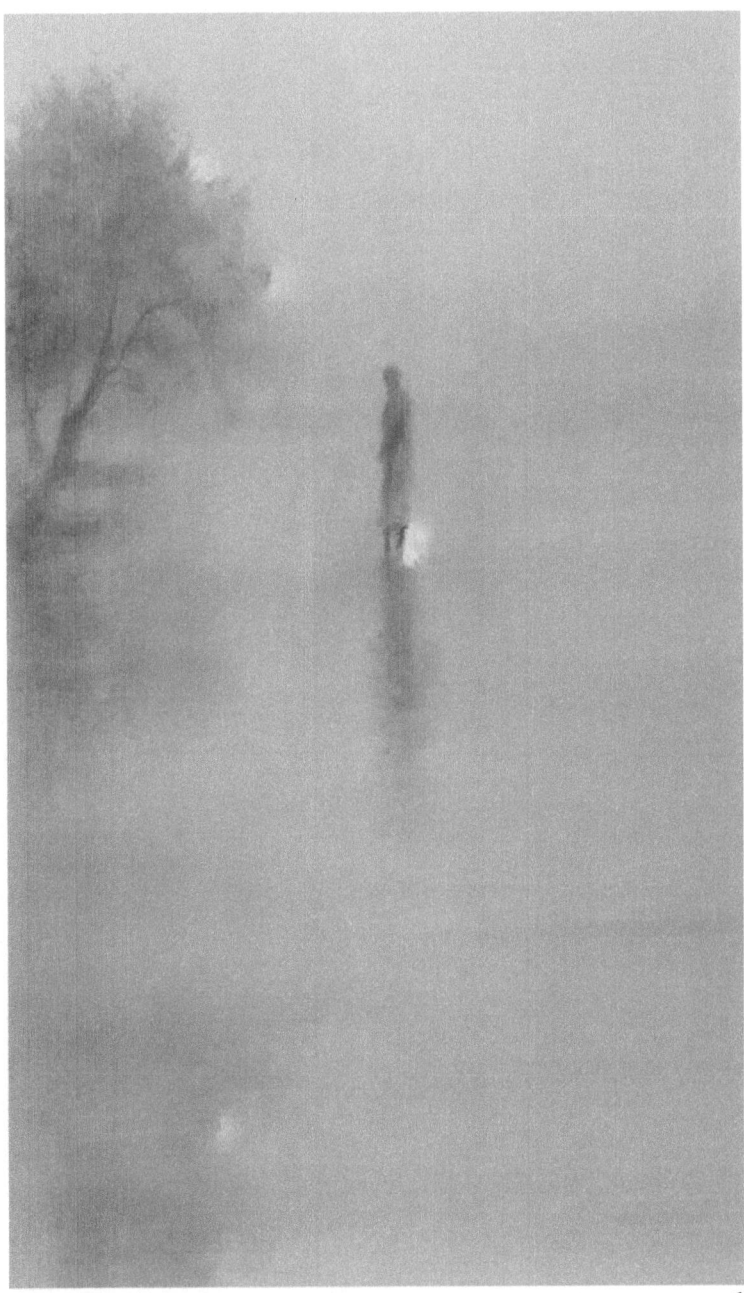

Lastima

Las personas que suelen dar más lastima, son aquellas que se resignan a perder lo que nunca fue suyo.

100 Poemas inspirados a lo largo de 10 años de una vida.

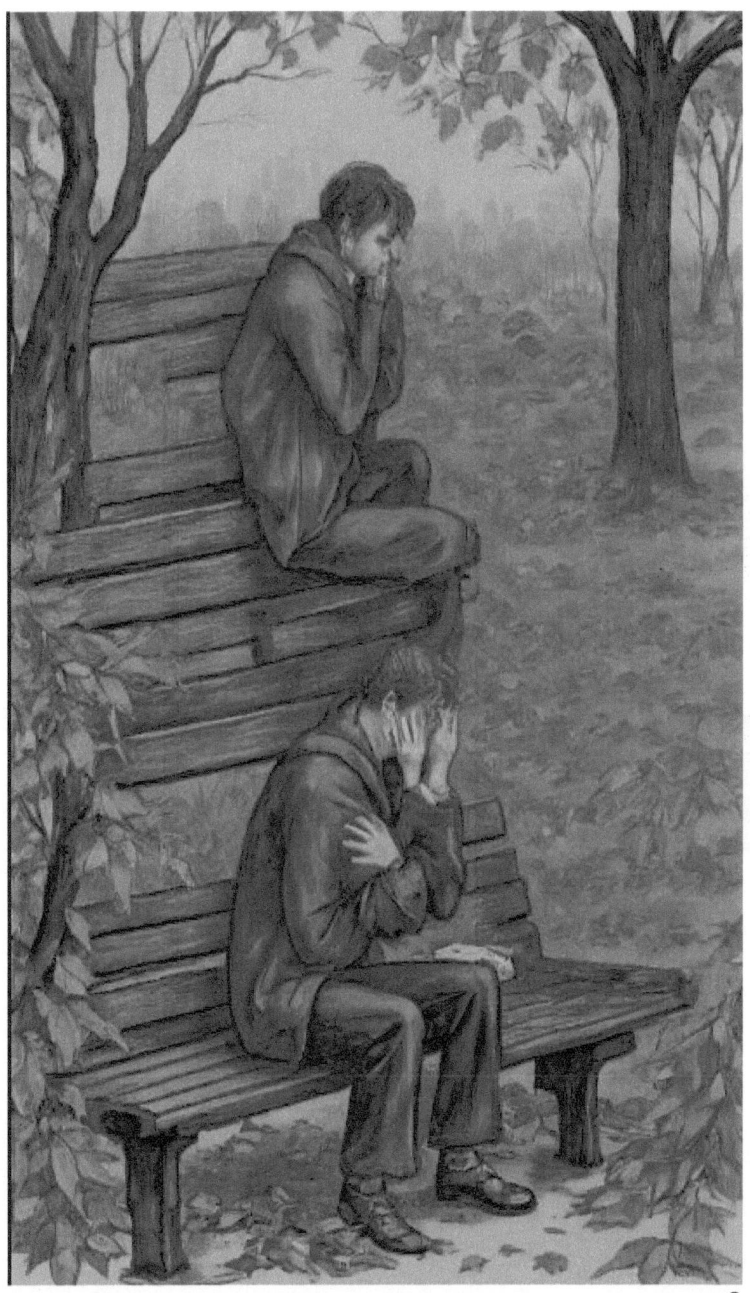

Try Again

Se volvió a contar la historia, la que se repite diariamente, cuando te veo en cuerpos diferentes.

Se cuenta la historia de nuestro primer hola, de las salidas, de las citas, de las bromas y risas, de los celos sin sentido, pero tiernos que te caracterizan, de esos abrazos que calientan el alma.

Se cuenta la historia de cómo nos casamos y tuvimos nuestra familia, de cómo vimos crecer a nuestros hijos, de mi cuidado y tu atención, de las preocupaciones y los alivios, de los festejos y las tristezas.

Se cuenta la historia que me lleva a vivir una vida en cuestión de minutos, toda una vida de atardeceres hasta vernos partir.

Hasta que me doy cuenta de que he llegado a mi destino, y una vez más debemos despedirnos sin decirnos tan siquiera nuestro primer hola.

100 Poemas inspirados a lo largo de 10 años de una vida.

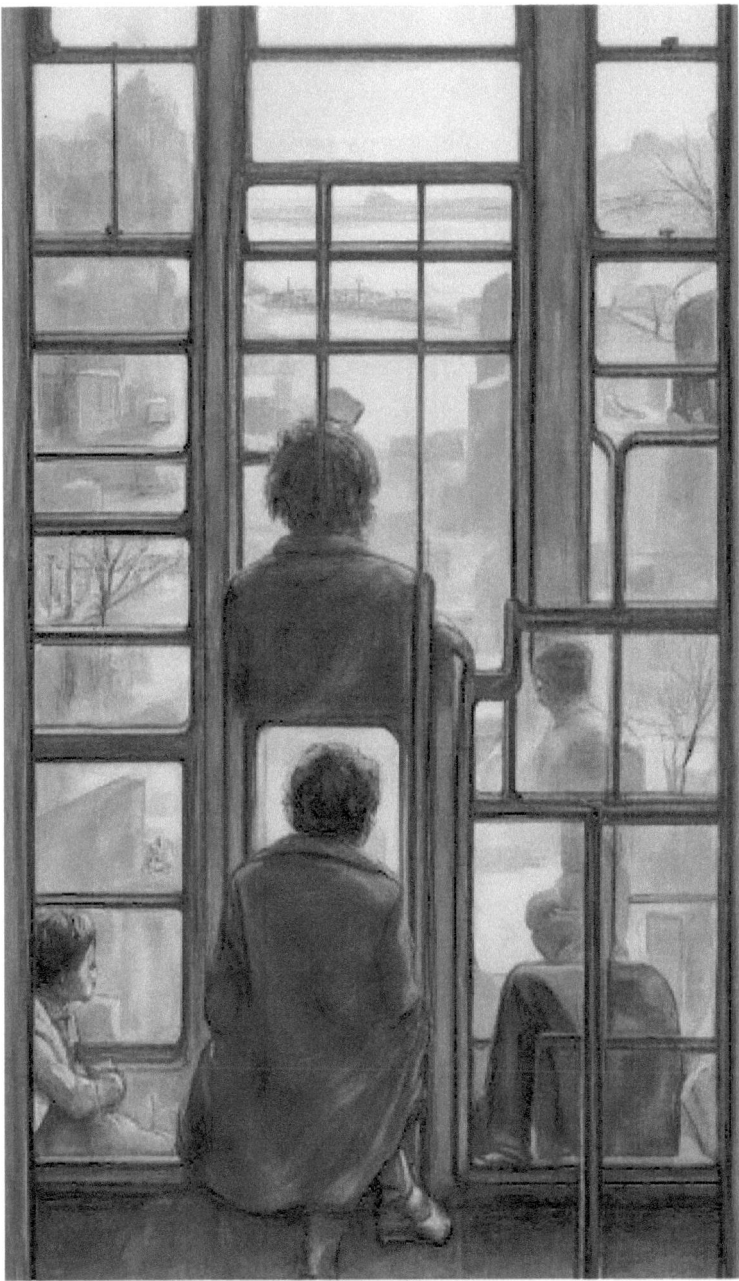

La Gracia

En la penumbra, busco la gracia perdida, aquella que me alzaba, me sostenía, mas ahora, en un mundo frío y sin medida, me encuentro errante, sin luz, sin alegría.

¿Dónde se oculta, la esencia que me guiaba, que llenaba mis días de risueños colores? ¿A dónde ha huido, la melodía que cantaba, mientras vagaba sin rumbo, entre sombras y dolores?

Quizás en el silencio, hallaré su rastro, en los suspiros del viento, en la noche callada, o tal vez en el eco de un recuerdo pasado, donde la gracia aún vive, aunque desvanecida.

Así sigo mi camino, en busca de esa llama, que encienda mi alma, que me devuelva la vida, pues, aunque el mundo sea oscuro y sin fama, la gracia persiste, aguardando en la partida.

100 Poemas inspirados a lo largo de 10 años de una vida.

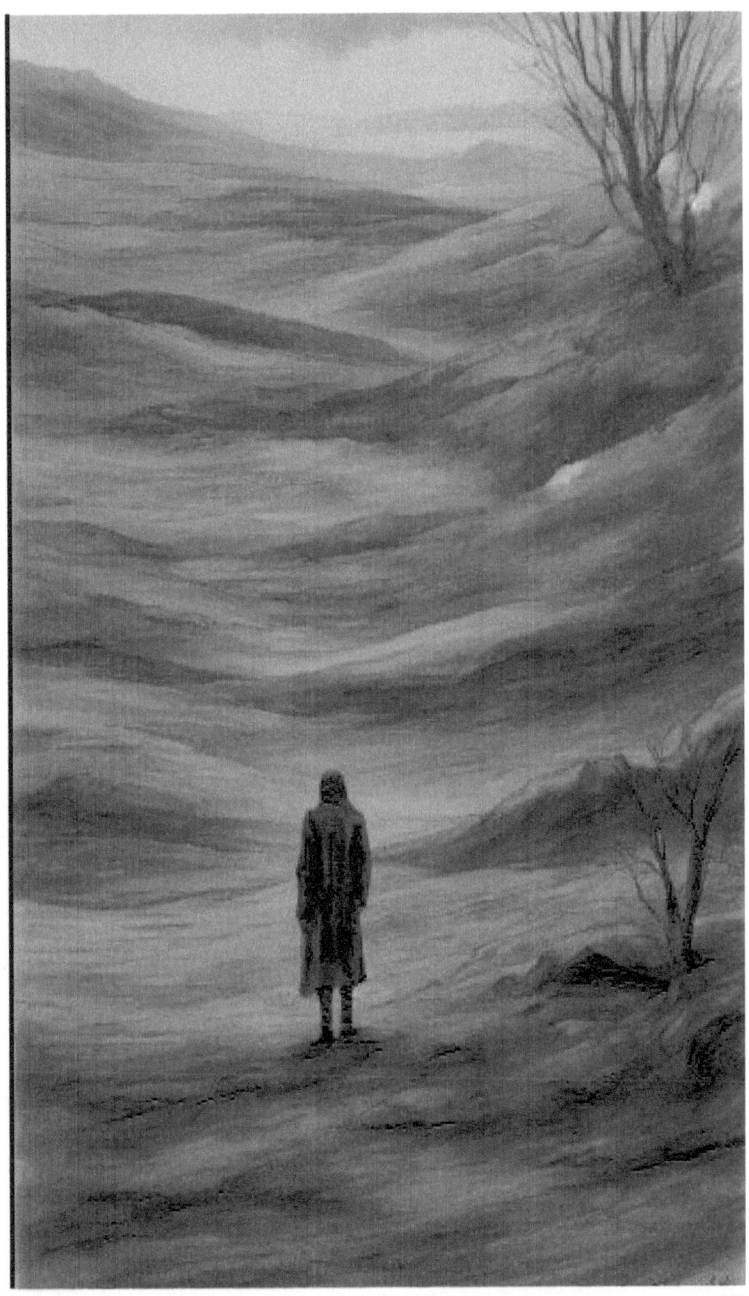

No Me Juzgues

No me juzgues por querer volver a ti en mis perores momentos, recuerda que una vez fuiste mi lugar seguro, y mi subconsciente aun no lo asimila.

No es debilidad, es la memoria de un corazón herido, que busca consuelo en lo conocido, en lo que una vez fue hogar.

Así que no me juzgues, por querer volver a ti, en mis peores momentos, mi alma aún te recuerda, mi refugio, mi lugar seguro.

100 Poemas inspirados a lo largo de 10 años de una vida.

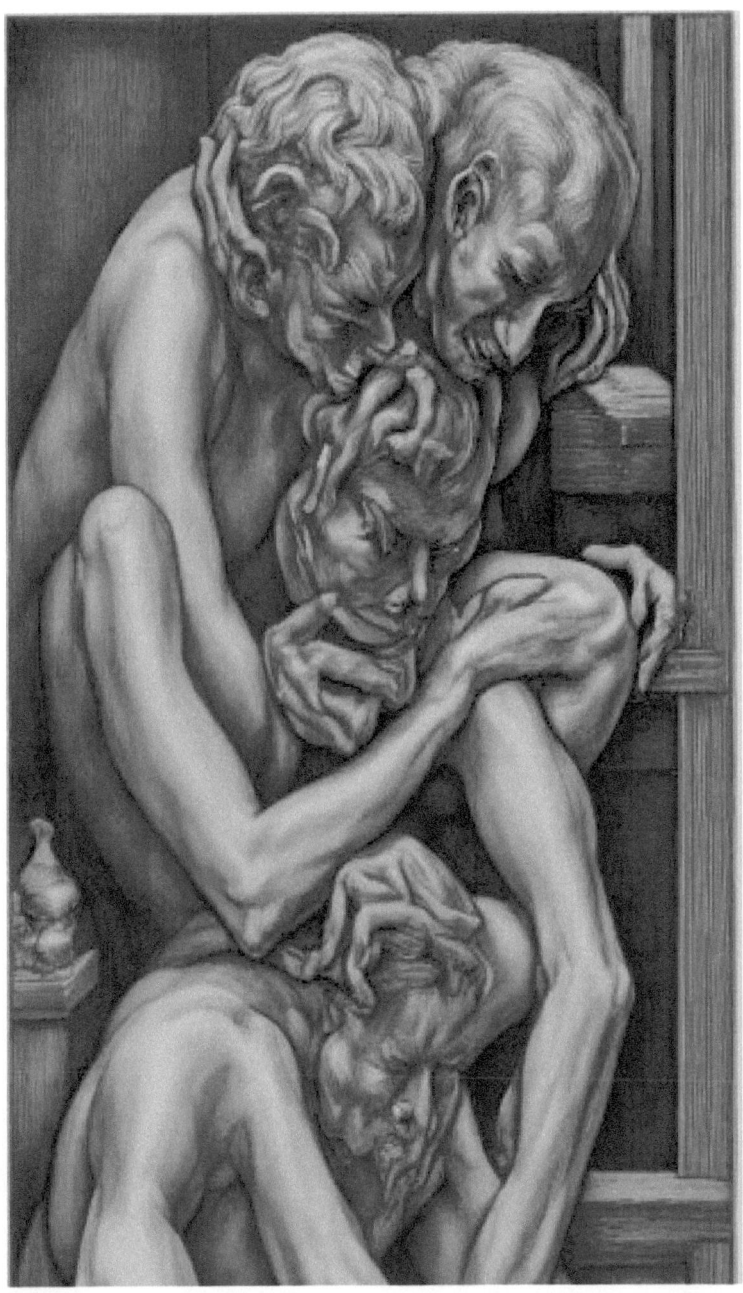

Un Nudo

En el rincón de la garganta, un nudo se anuda, aprieta, como un enigma sin respuesta, un misterio que no cesa.

Roba el aliento, la voz, y en su abrazo implacable, cada palabra se estrella, sin poder alzar el vuelo.

¿Cómo desatar sus hilos, liberar el alma aprisionada? Quizás en lágrimas saladas, o en un suspiro contenido.

El nudo, como un secreto, se enreda en las cuerdas, pero quizás, solo quizás, el amor pueda desatarlo.

100 Poemas inspirados a lo largo de 10 años de una vida.

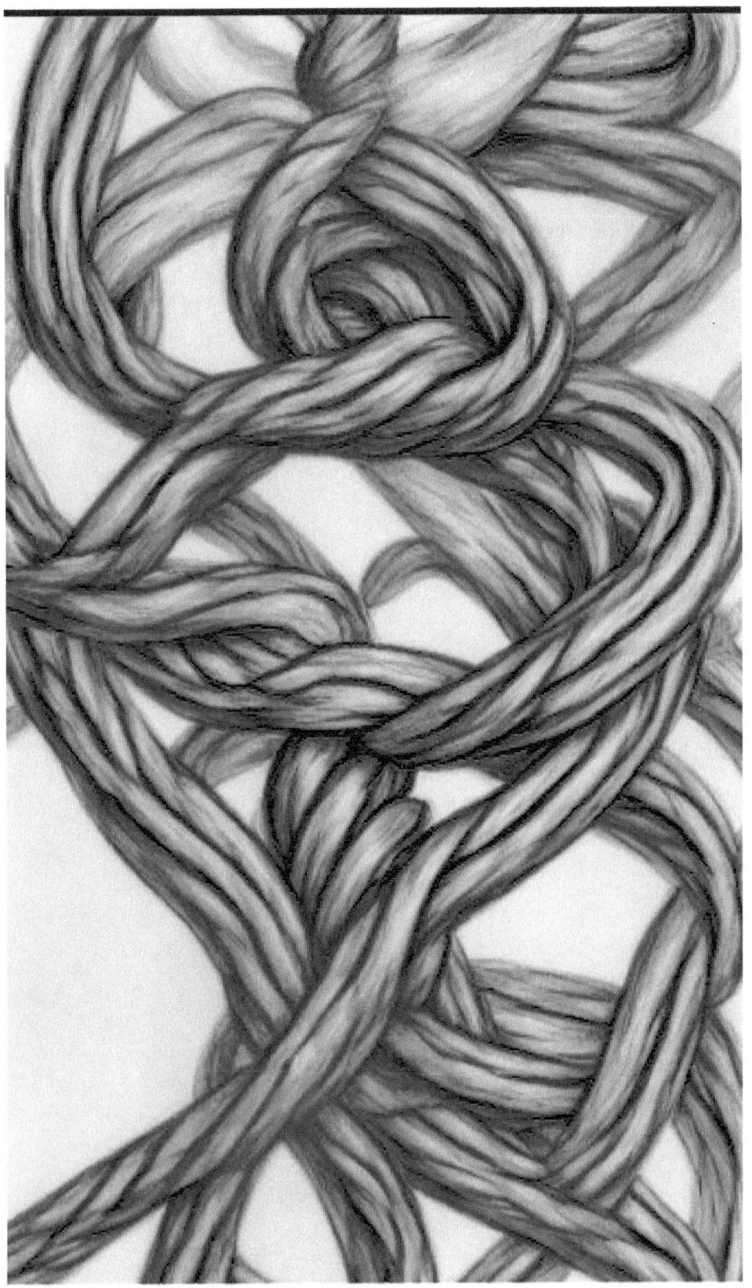

Condenado

En la penumbra de mi alma, condenado, solitario y vacío, arrastro mi sombra. Un paso detrás de la gloria, me hallo, cargando el peso de la vida, sin aliento.

Las estrellas se burlan desde lo alto, mientras mi corazón se desgarra en silencio. ¿Qué crimen cometí para merecer esta condena perpetua, este abismo?

Quizás en la oscuridad encuentre respuestas, o tal vez solo más preguntas sin sentido. Pero persisto, condenado y errante, buscando un atisbo de redención perdida.

Así, entre suspiros y lágrimas, mi alma danza al borde del abismo, condenada a vivir, a luchar, aunque el aliento se escape, implacable.

100 Poemas inspirados a lo largo de 10 años de una vida.

En Su Momento

Qué ironía la mía, pensando en lo que tuve y perdí, escarbando en cada rincón de mi mente, buscando cualquier recuerdo de lo que fue y no es, al cual aferrarme.

Cerrando mis ojos para transportarme al momento que en su momento quise que fuera eterno.

Tratando de prolongar el coma a más no poder, manteniendo la imagen fija ya desgastada de tanto usarlas.

La verdad ya no sé si son recuerdos o invenciones, ya que cada vez los veo de maneras distintas, añadiendo palabras a tu boca o caricias que no se hicieron.

100 Poemas inspirados a lo largo de 10 años de una vida.

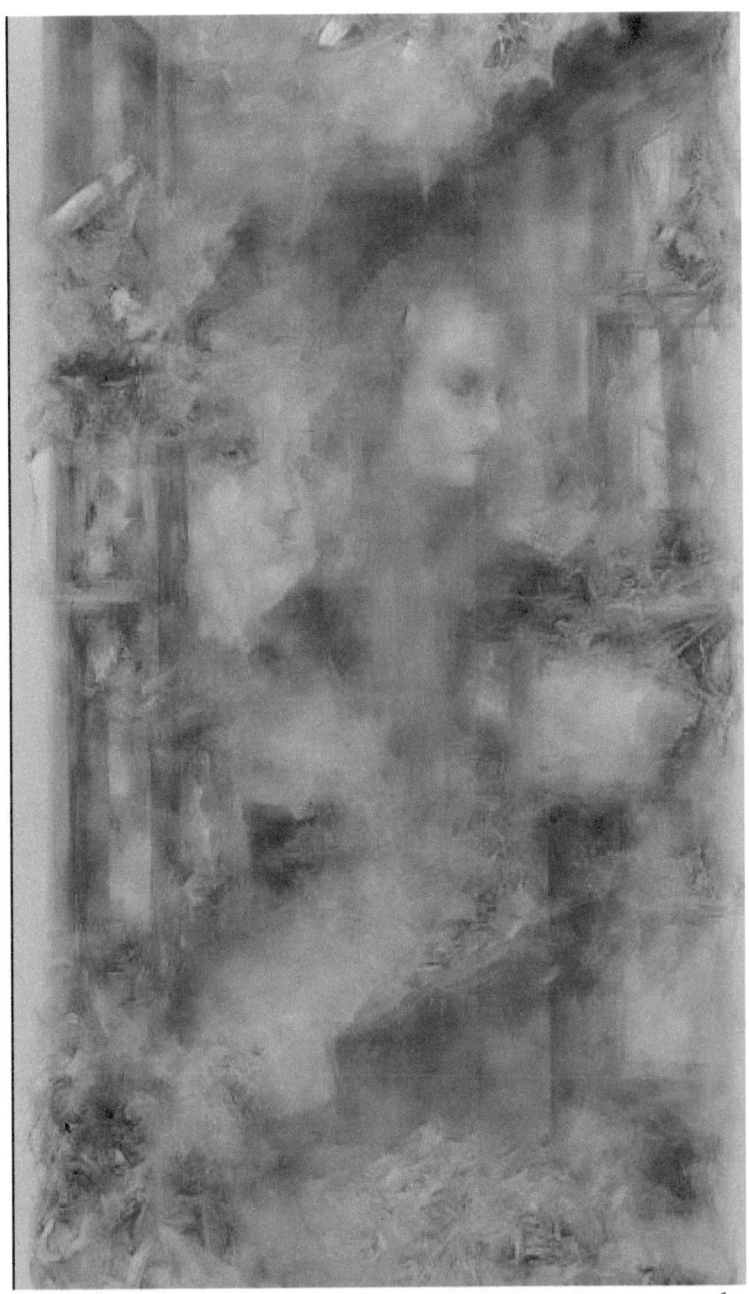

Me Perdí

Me perdí, sin saber cómo, cuándo o dónde, sin salida, sin camino, sin luz, solamente perdido, en el profundo y basto universo que ocultan tus ojos.

Esos ojos que al verlos me desconectan de toda realidad, enmudeciendo mi alrededor, eliminando todo pensamiento, desconectando toda función de mi cerebro menos una, contemplarte.

No sé qué dijiste y temo preguntarte nuevamente, no por temor a lo que me digas, sino, porque sé que al comenzar nuevamente tu alocución me volveré a perder en ellos.

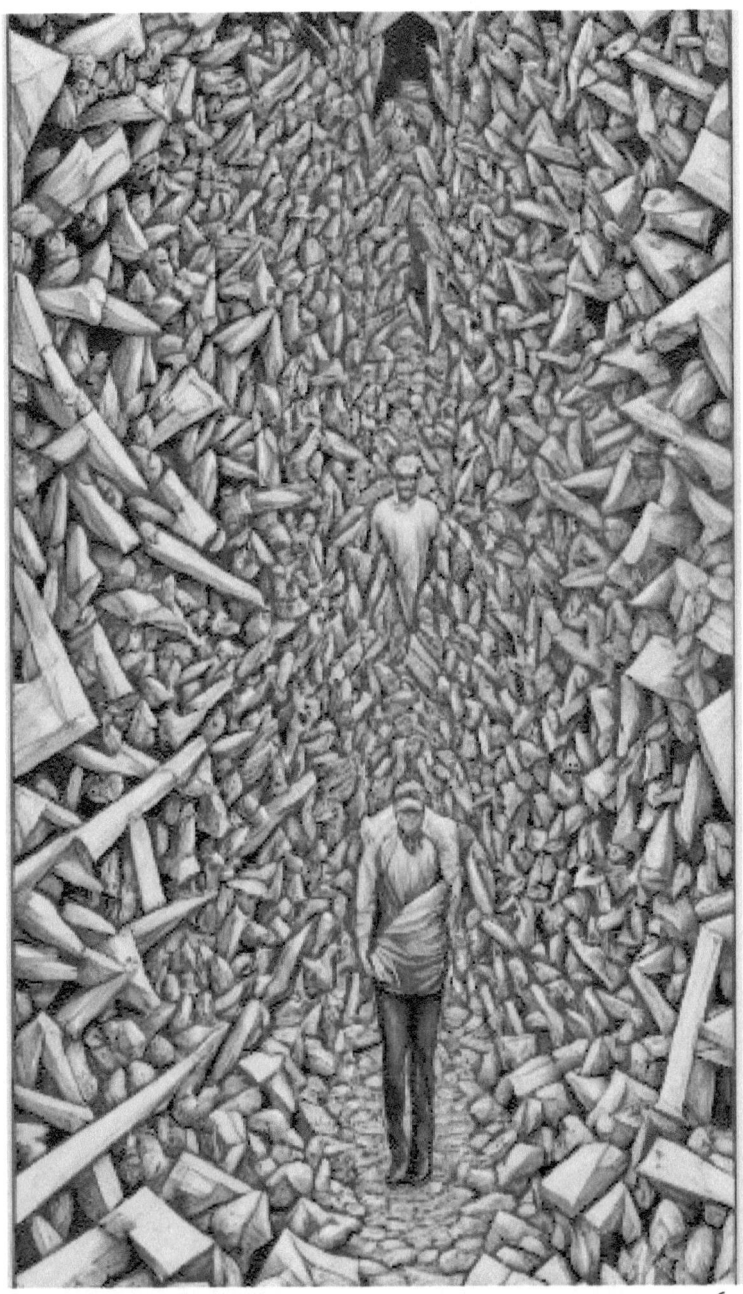

Y Sin Darnos Cuenta

Como un torbellino de días y noches, en el círculo sin fin de la planeación, nos perdemos en el laberinto de urgencias, olvidando detenernos, respirar, descansar.

El ouroboros de nuestras vidas gira, mordiéndose la cola, sin pausa ni tregua, y el descanso se vuelve un lujo programado, una pausa breve entre tareas incesantes.

¿Cómo descansar sin la presión de no descansar demasiado? La lista de pendientes nos acecha, y el tiempo se escurre como arena entre los dedos, mientras la fatiga se instala en nuestros huesos.

En la sociedad del cansancio, donde todo es urgente y vital, terminamos haciendo nada, atrapados en la vorágine de lo necesario.

Pero quizás, solo quizás, podamos romper el ciclo, tomarnos un respiro sin culpa, y encontrar en el descanso la verdadera vida.

100 Poemas inspirados a lo largo de 10 años de una vida.

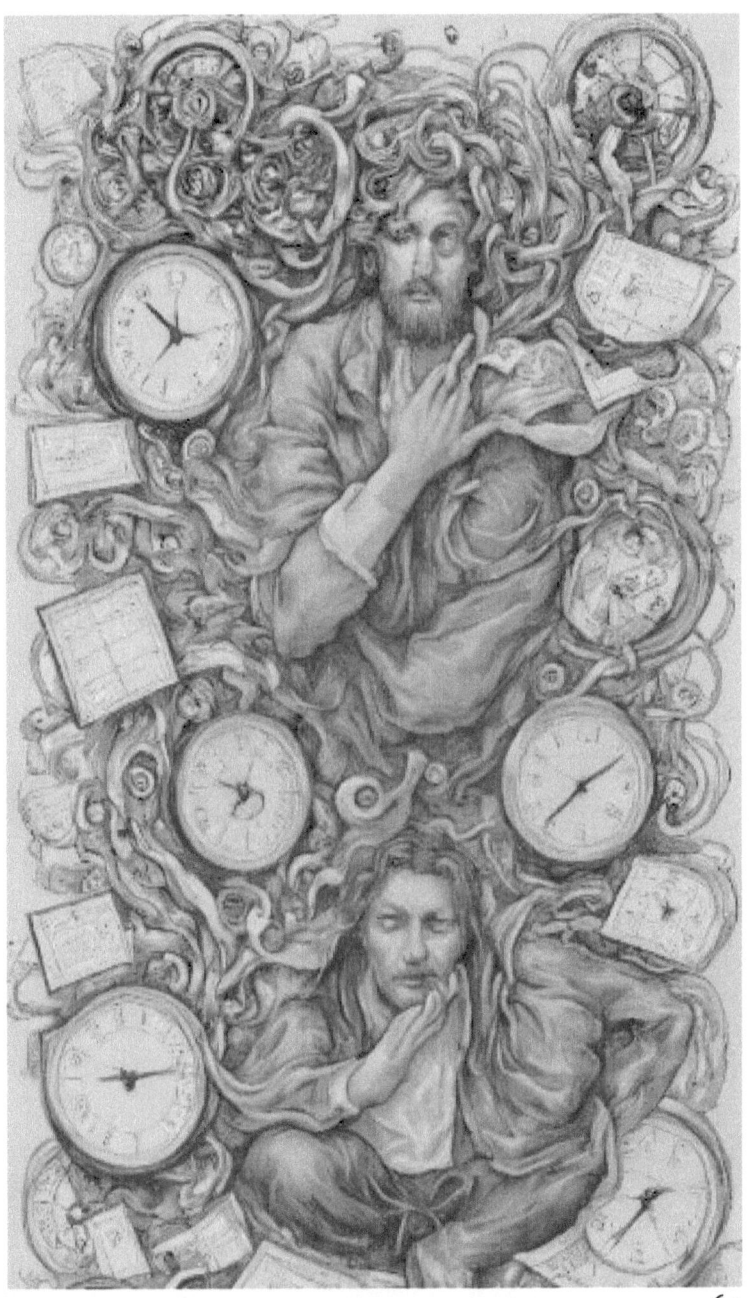

Herida

Tengo heridas en mi cuerpo, heridas con una historia, unas dejaron cicatrices otras no, unas sin consecuencias otras casi me matan.

Pero nada peor como aquella herida aún abierta, aquella que ignoro por su dolor, aquella que me ha acompañado desde el momento en que se abrió, aquella a la que lo le valen las puntadas, ni alcohol, ni medicamento alguno.

Aquella que está allí, aquella que de tiempo en tiempo me recuerda que aún está ahí, acechando como cazador a su presa.

Aquella que cuando se toca duele como el infierno, y huele como tal, aquella que sigue allí, sin querer sanar.

100 Poemas inspirados a lo largo de 10 años de una vida.

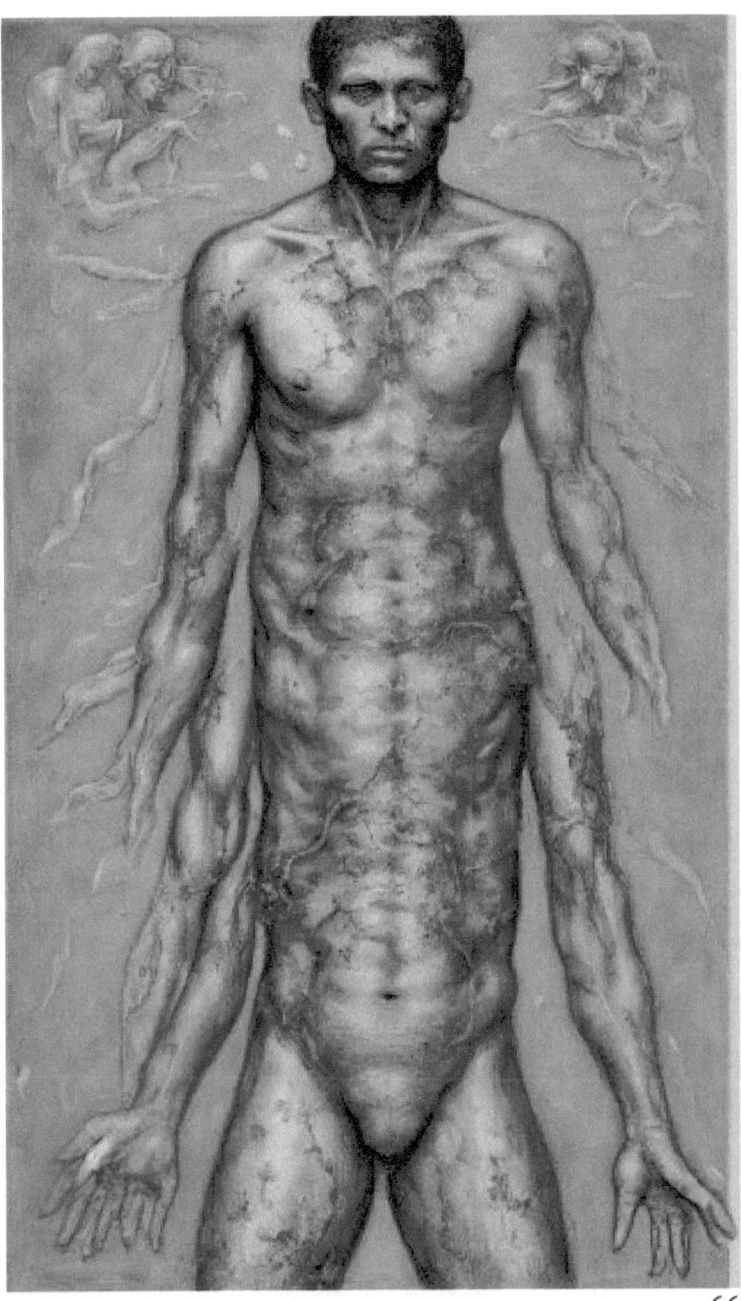

Laberinto

Laberinto de memorias, donde los recuerdos se entrelazan, busco la salida hacia el olvido.

¿Cómo hacer para olvidar tus besos? Es como intentar borrar el aroma de una rosa que se deshoja en el viento, pero, aun así, trazaré un camino.

Primero, desataré los nudos de tus labios, como si fueran hilos de seda en mis dedos. Luego, cerraré los ojos y contaré estrellas, una por cada beso que me diste.

¿Cómo hacer para olvidar tu cuerpo? Quizás deba despojarme de mi piel, dejarla atrás como un vestido gastado. Pero, ¿cómo olvidar la calidez de tus abrazos, la forma en que tus manos exploraban mi geografía?

Seguiré el rastro de las sombras, donde tus contornos se desvanecen, y me sumergiré en la penumbra, donde la ausencia se convierte en arte.

¿Cómo hacer para olvidarte? No puedo. No quiero. Porque en el intento de olvidar, solo encuentro fragmentos de ti, como estrellas fugaces en un cielo nocturno.

Así que, en lugar de olvidarte, te guardaré en un rincón secreto, donde los recuerdos bailan al compás de las melodías que creamos juntos.

100 Poemas inspirados a lo largo de 10 años de una vida.

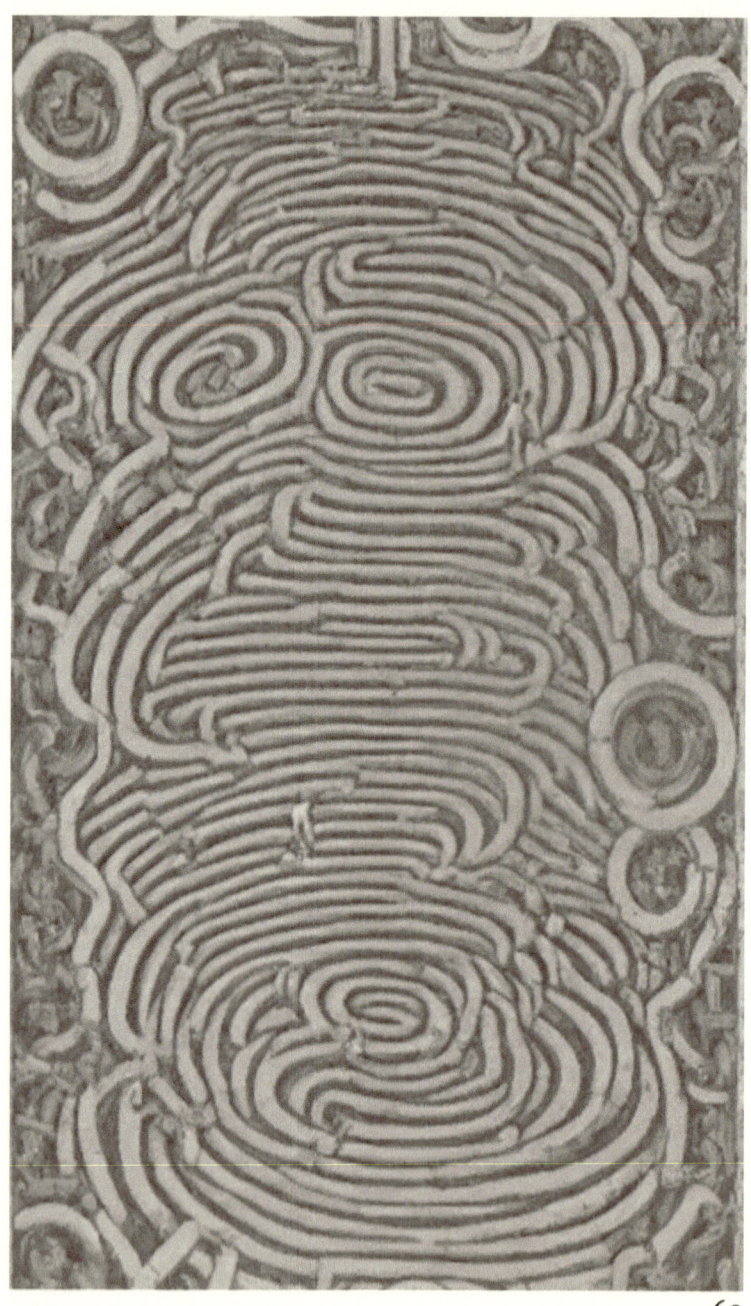

Lluvia

Que linda se siente la lluvia, me susurro el alma. Aunque no la vea, la escucho y aunque no sepa su sabor, la siento. Ya sea gris o blanca, verde o azul, que se yo de colores me continúo susurrando.

Ya empapada y feliz, viendo cómo podía disimular las innumerables cotas que desde ella emanaba, y suplicando no te cubras, para poder seguir sintiendo esa sensación tan maravillosamente natural de la lluvia caer sobre el alma.

100 Poemas inspirados a lo largo de 10 años de una vida.

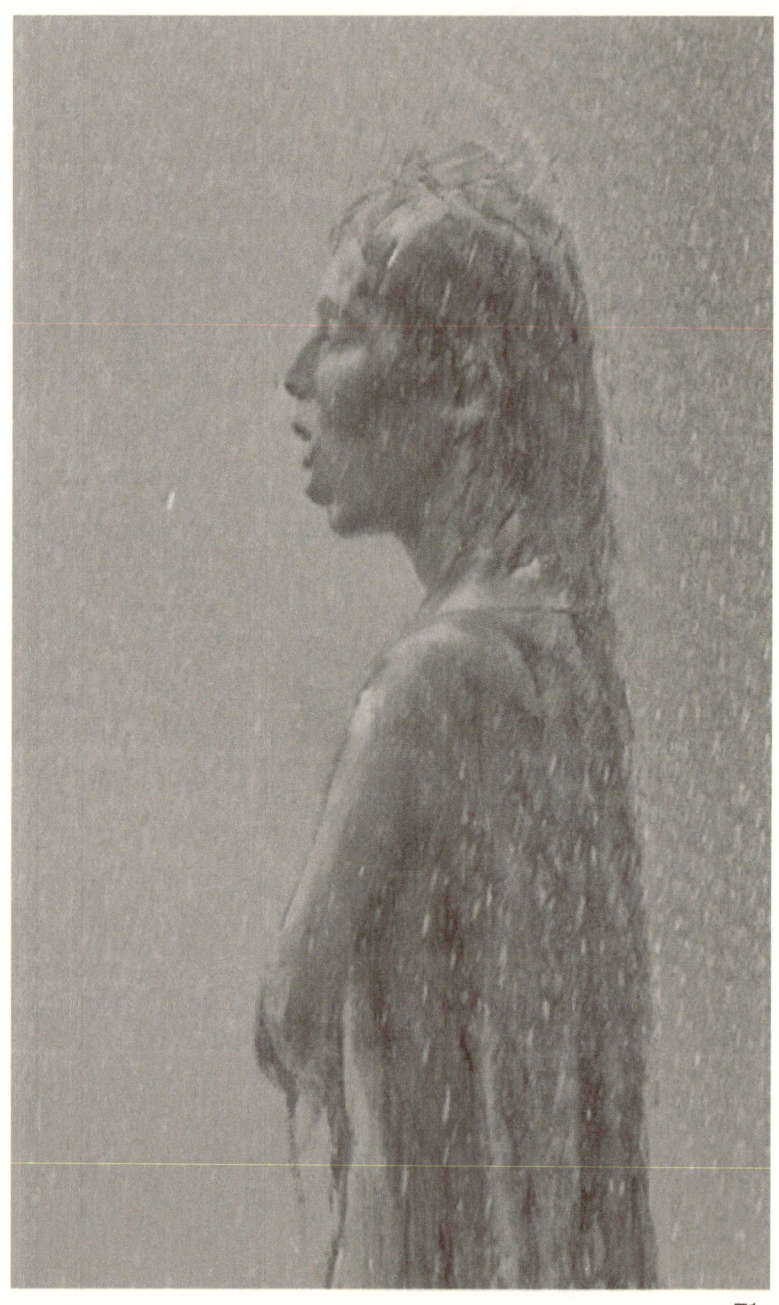

Mi Todo

¿Cómo se aprende a vivir después de haber perdido mi todo?, ¿quién imparte las clases de la vida?

¿Cuál es el módulo o materia encargada de desglosas cómo lidiar con todo?

En la escuela de la vida, sin maestro ni pizarra, se aprende a vivir, aunque el alma se desgarra. Perderlo todo es duro, un golpe sin igual, pero el tiempo enseña, aunque sea tan brutal.

Las clases de la vida, las imparte el dolor, con lecciones de esperanza, de lucha y de amor. No hay módulo exacto, ni materia especial, solo el día a día, y el esfuerzo personal.

Lidiar con todo es arte, un proceso sin fin, donde cada paso cuenta, aunque parezca ruin. La vida es un viaje, con tormentas y sol, y en cada amanecer, se renueva el control.

100 Poemas inspirados a lo largo de 10 años de una vida.

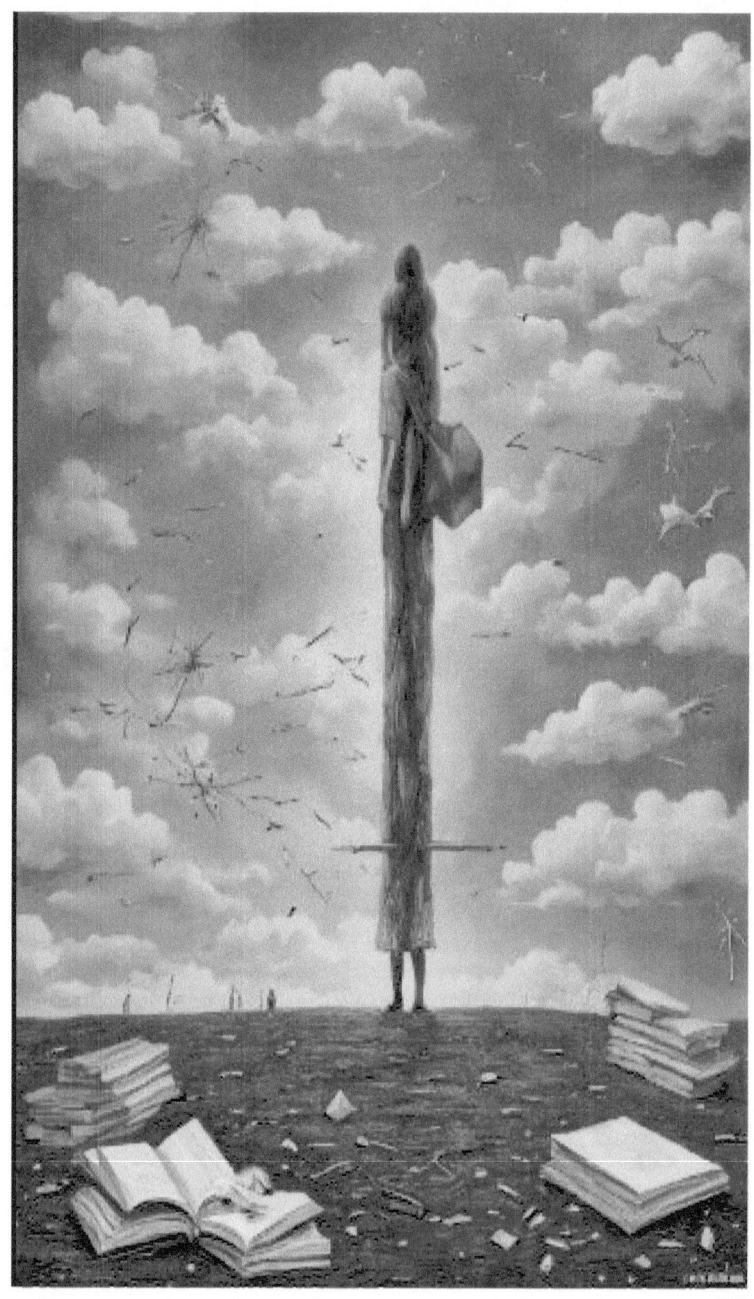

Dilema del Mensaje

Enviarlo o no enviarlo es el gran dilema. Porque te juro que lo tengo escrito, el más hermoso mensaje que alguien en la vida te pudo haber escrito.

Con una estructura narrativa de todos esos días de pasión, de amor, de entrega y pasión. Pero que también me hicieron recordar, las noches frías, las lágrimas, decepciones y traiciones.

¿Te lo envío? ¿Pero para qué? Si, ya no somos los mismos que fuimos, aquellos de quienes nos enamoramos, para ellos hoy somos dos extraños que se extrañan.

Pero si no te lo envío, es como aquel nudo en el pecho, es como aquel prisionero que aún con las puertas abiertas no quiere salir de su celda.

Una lucha interna que cada que se encuentran quedan en un absurdo empate, como si ambas supieran las consecuencias de cada una de ellas y rindiéndose la una a la otra.

Como si mis opciones se pusieran de acuerdo en mi contra, para mantenerme en ese oscuro y frío sentimiento de indecisión que me mantiene diciéndome.

Enviarlo o no enviarlo es el gran dilema.

100 Poemas inspirados a lo largo de 10 años de una vida.

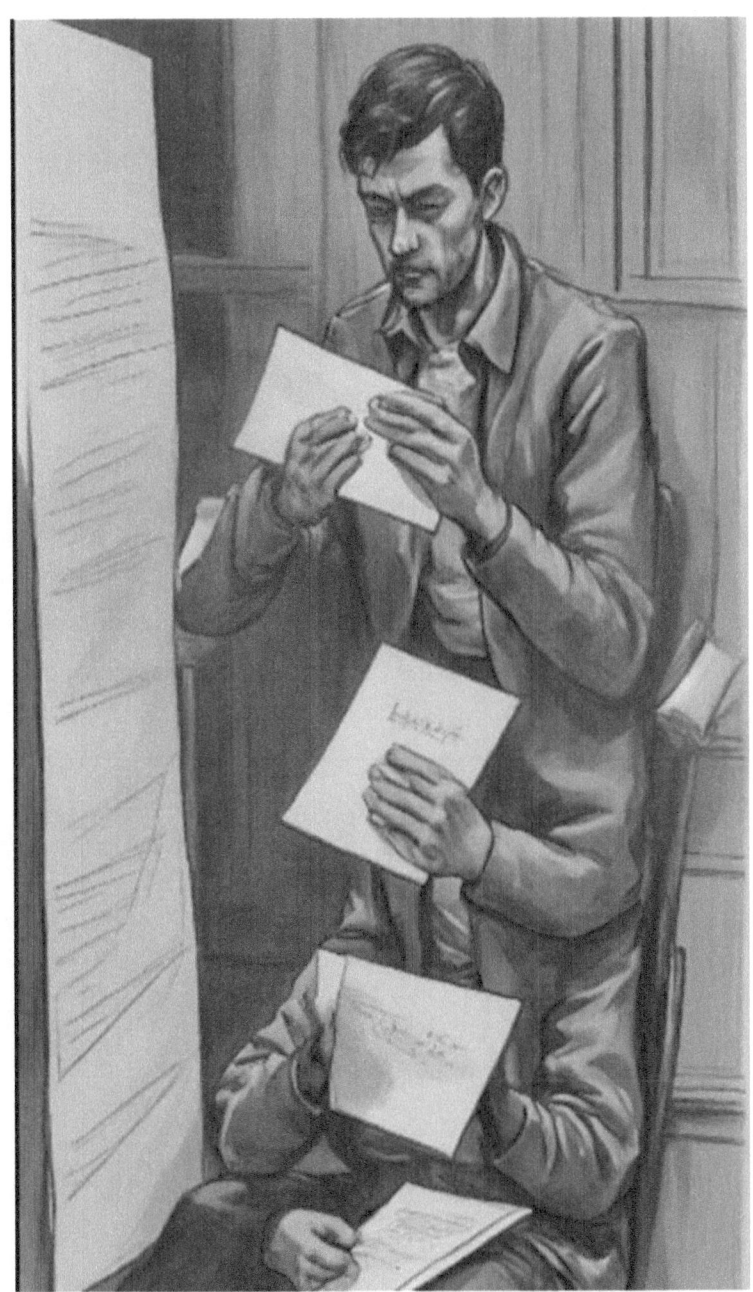

Desenterrado

Ten cuidado cuando vayas a desenterrar a tus muertos, te puede decepcionar ver que ya no tienen el mismo perfume con el que los enterraste.

Los recuerdos se desvanecen, las promesas se disuelven, y lo que una vez fue eterno, ahora es polvo en el viento.

Sus voces se pierden y las lágrimas derramadas se secan en la tierra. Lo que una vez fue amor, ahora es un recuerdo, un pensamiento lejano en el rincón del olvido.

Las flores que plantaste sobre sus tumbas, han marchitado con el paso del tiempo. Pero en tu corazón, aún guardas su esencia, un rastro de lo que fueron, un vestigio de su presencia.

100 Poemas inspirados a lo largo de 10 años de una vida.

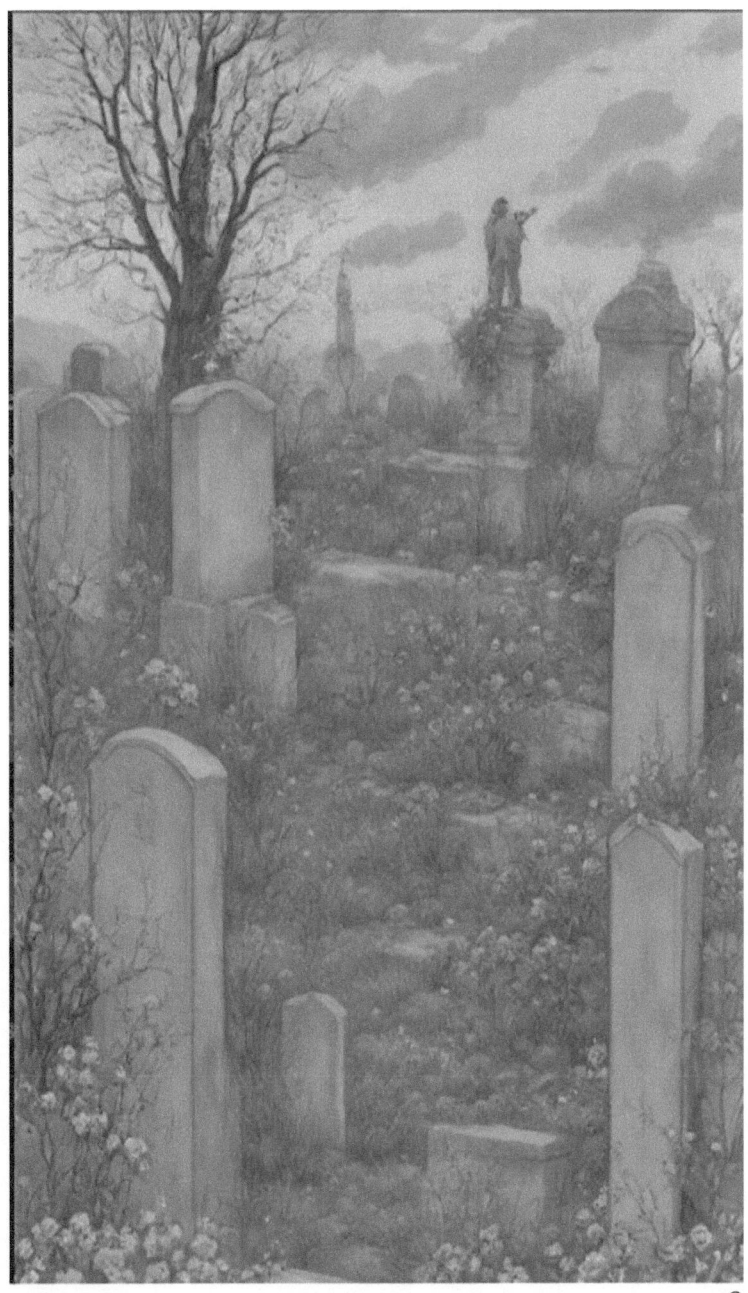

Enigma del Corazón

En el rincón oscuro de un corazón herido, donde los recuerdos se enredan con el olvido, se esconde un enigma, un misterio sin respuesta, como un verso sin rima, una melodía incompleta.

¿Qué hice para merecer tu desdén? ¿Por qué persiste el odio, sin tregua ni razón? Quizás fui un naufragio en tus aguas tormentosas, o un suspiro perdido en la vastedad del viento.

Hablaron mal de mí, como hojas al viento, rumores que se desvanecen en la penumbra. No veo la necesidad de perpetuar la herida, pero el corazón, terco, se aferra a su dolor.

100 Poemas inspirados a lo largo de 10 años de una vida.

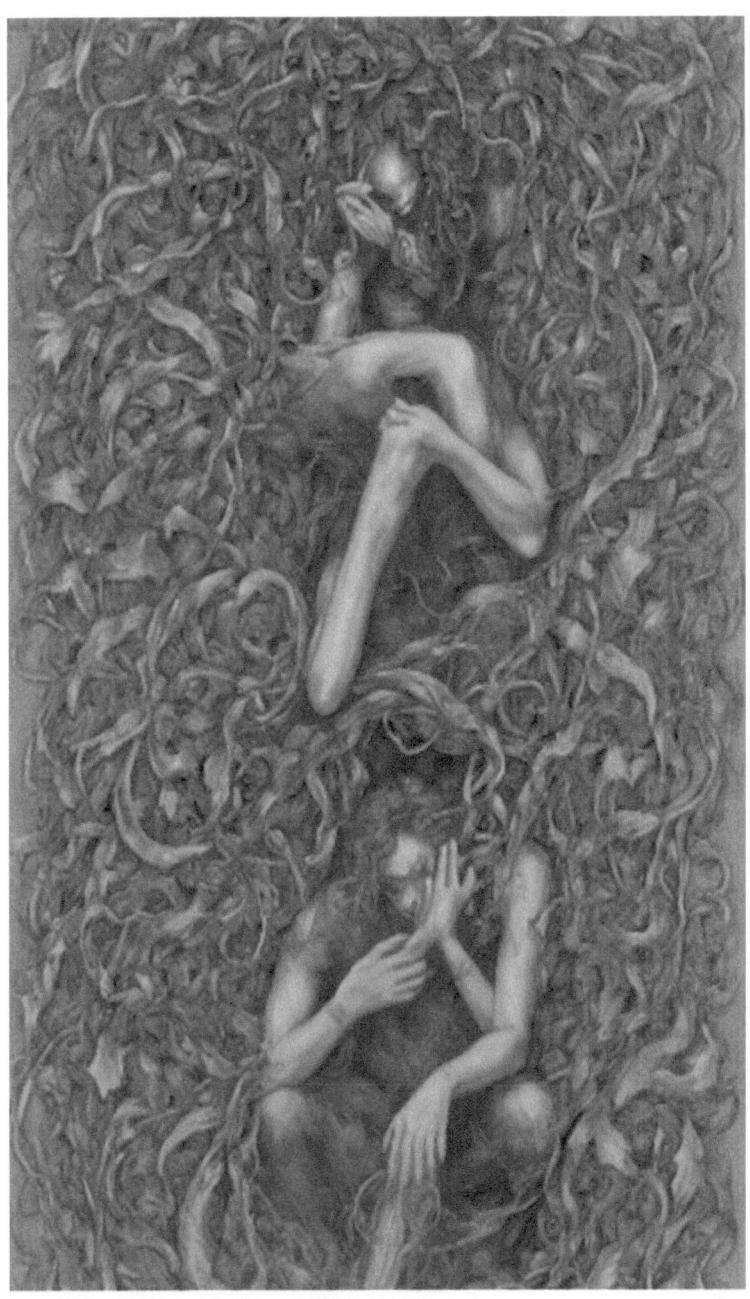

Escribir

Escribo de mis pensamientos, de recuerdos y sentimientos, de vivencias y de olvidos, de amores y descuidos.

Escribo cuando escribo, porque es solo cuando llega ella, la que me inspira y me lleva a continuar escribiendo.

Y sigo escribiendo sin parar, de todo hasta que ella me deja de susurrar, pues mientras ella continúa hablando, solo me queda escribir.

No importa si es de mi o si es de los demás, cuando agarro la pluma no queda más que continuar y escribir.

Y cuando creo que ya no queda más entonces escribo de ti.

100 Poemas inspirados a lo largo de 10 años de una vida.

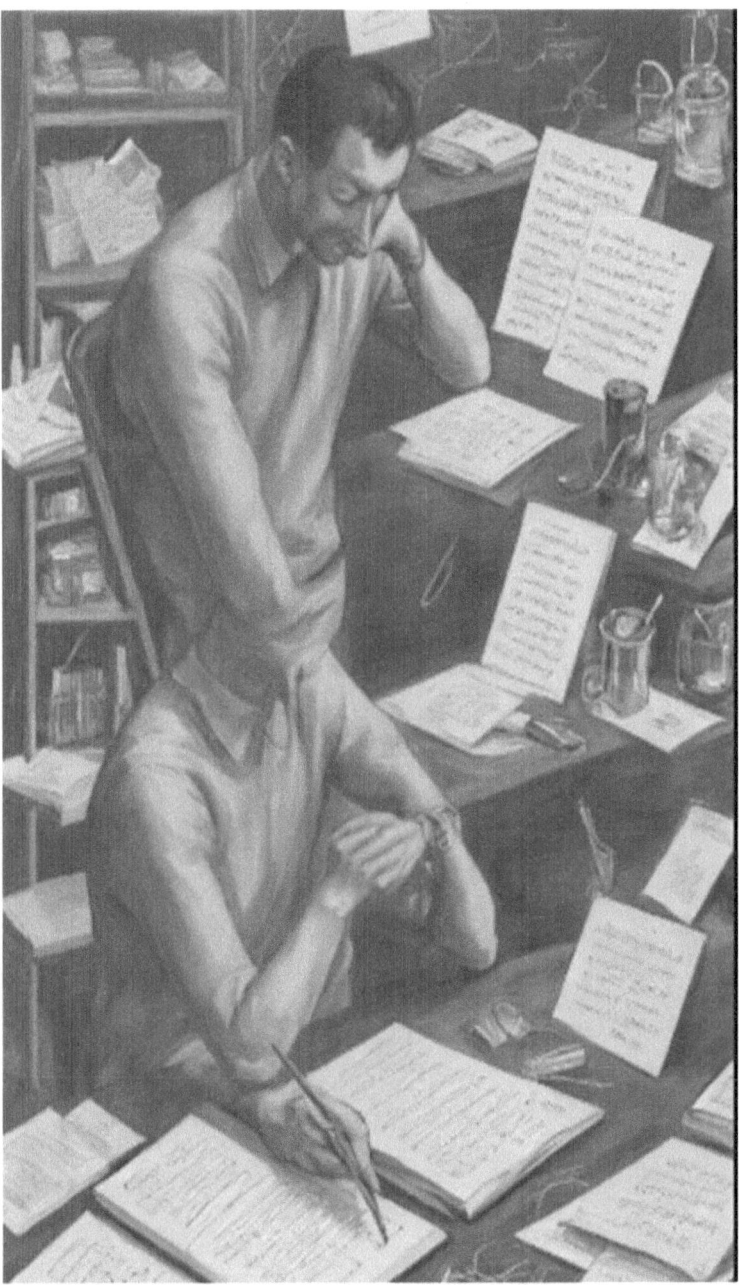

La máquina del Tiempo

Hoy pasé por aquel lugar y me pregunté ¿Pensaras lo mismo que yo? ¿Te acordaras de lo mismo que yo? ¿Sentirás lo mismo que yo?

Mil veces paso, y mil veces lo pienso, ¿quién dijo que no se puede viajar al pasado? ¿Quién dijo que no se puede vivir el momento una y mil veces?

De vivir en el pasado, no vivo, pero tampoco puedo borrar la marca indeleble, del recuerdo vivido, como tampoco soy culpable de que el mismo me tome desprevenido.

100 Poemas inspirados a lo largo de 10 años de una vida.

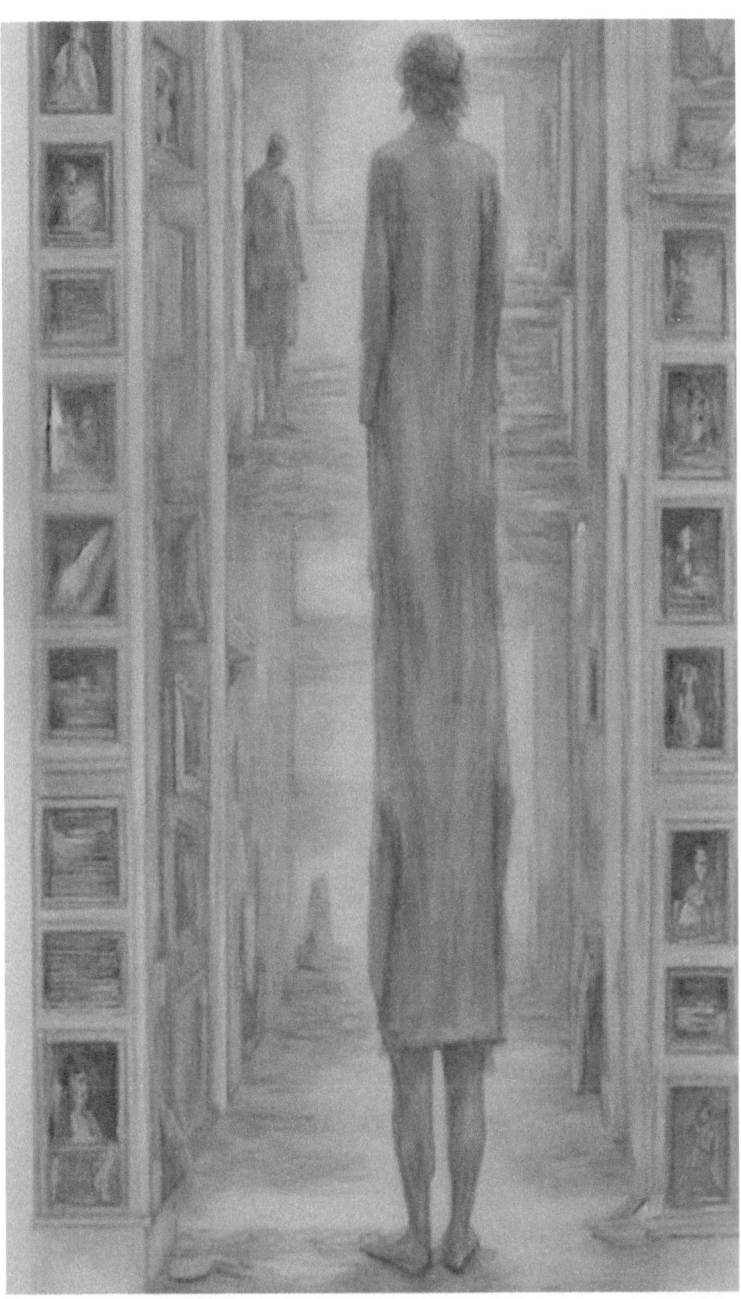

Zapatos Grandes

Ya no me calzan los zapatos, a medida que crece mi pie, y voy dejando una huella más grande.

Una huella a seguir por los que vienen detrás de mí, una huella que cada día se ensancha más, haciendo más difícil de llenar, o no.

En el camino, encuentro piedras y espinas, pero también flores que adornan mi sendero. La vida, como un zapato desgastado, me lleva por terrenos inesperados.

Y aunque a veces sienta que la huella es pesada, que mis pasos son inciertos y cansados, sé que cada marca en la tierra es parte de mi historia, mi legado.

Así que seguiré caminando, dejando mi huella en este mundo vasto, con la esperanza de que otros la sigan, y encuentren en ella su propio rastro.

100 Poemas inspirados a lo largo de 10 años de una vida.

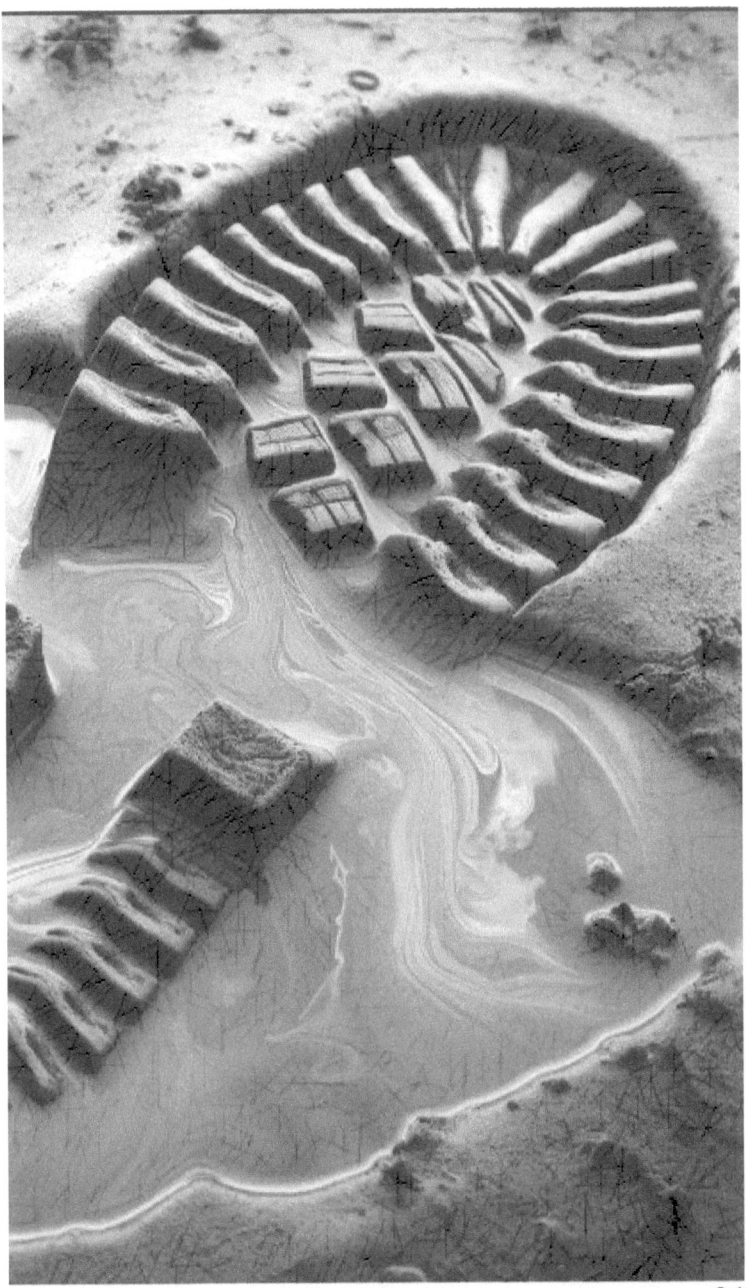

Recuerdo de un Amor

Como la piel, un mapa de secretos, donde los dedos trazaban rutas de deseo. Abrazarte era como sostener el universo, y tus palabras, estrellas que iluminaban mi cielo.

Tus manos, magos que conjuraban olvidos, sacudiendo los problemas con ternura. El mundo, cruel y vasto, se volvía chiquito, cuando en tu abrazo encontraba mi cura.

Hoy, los besos son ecos en mi memoria, como suspiros atrapados en el viento. Y aunque ya no estés aquí, niña de historia, te llevo en mis versos, en cada sentimiento.

No te olvides de mí, como el sol no olvida su alba, como el río no olvida su camino hacia el mar. En el eco de tus besos, mi alma se salva, y en la melodía de tu ausencia, aprendo a amar.

100 Poemas inspirados a lo largo de 10 años de una vida.

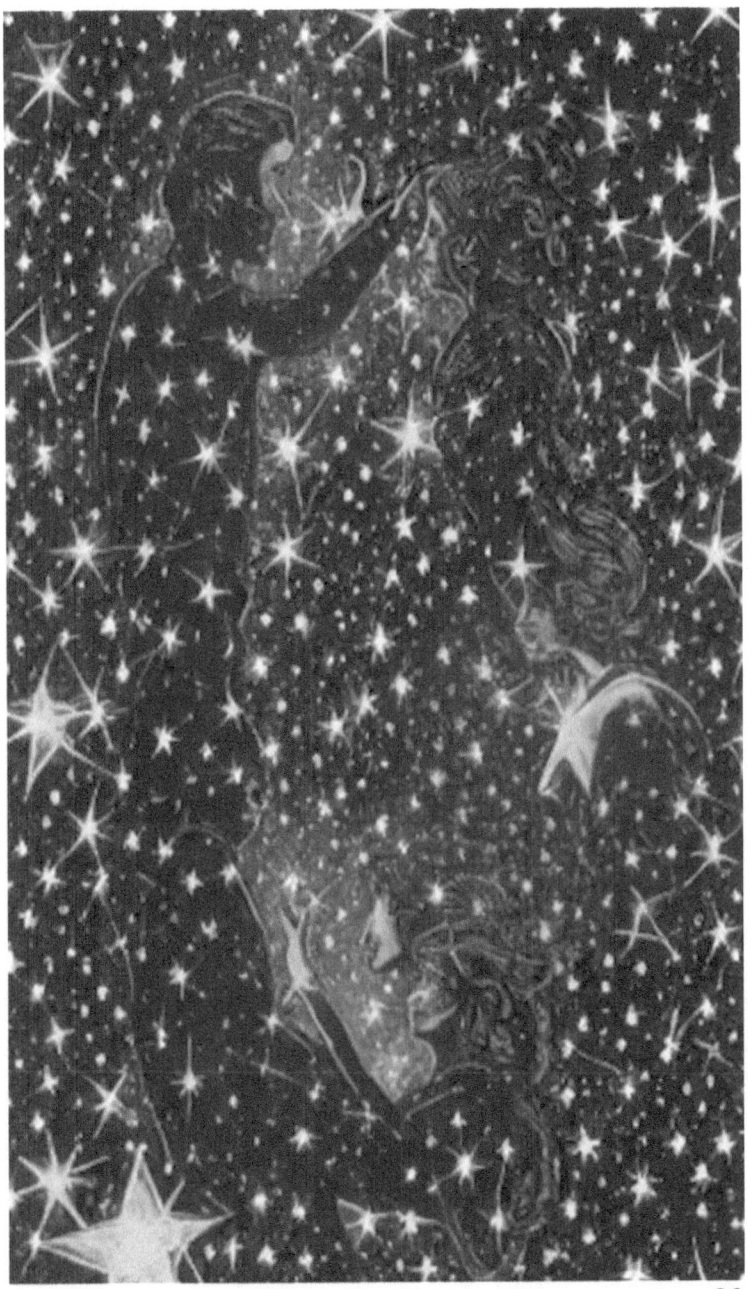

Setenta Veces Siete

Necesitaré 70 veces 7 vidas para olvidarte en cada una de ellas, te buscaré en los rincones secretos, donde las sombras se entrelazan con la luz tenue, donde los suspiros se confunden con el viento.

70 veces 7 veces me perderé en tus recuerdos, como un navegante en un mar de estrellas brillantes, buscando la constelación que lleva tu nombre.

70 veces 7 veces te buscaré en las canciones, en las notas que se deslizan por el pentagrama, como si cada melodía fuera un hilo que me conecta a ti.

70 veces 7 veces te encontraré en los colores, en los matices del atardecer y el amanecer, pintando tu sonrisa en el lienzo de mi corazón.

70 veces 7 veces te sentiré en el aroma del café, en el calor de las mantas en las noches frías, como si fueras la esencia misma de la vida.

70 veces 7 veces te abrazaré en mis sueños, donde el tiempo se detiene y las distancias se desvanecen, como si el universo conspirara para unirnos.

70 veces 7 veces, amor, te amaré, hasta que las estrellas se apaguen y los versos se desvanezcan, porque en cada vida, en cada momento, eres mi eternidad.

100 Poemas inspirados a lo largo de 10 años de una vida.

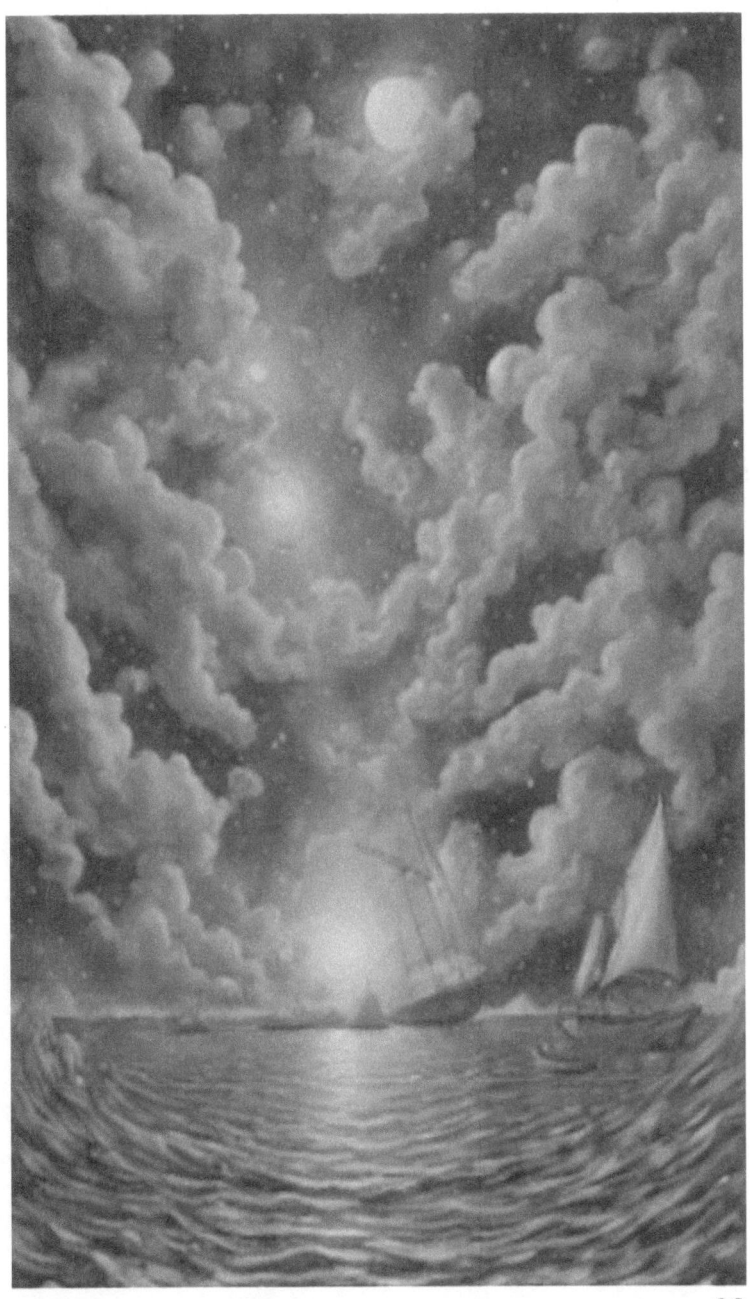

Tregua

Vida dame tregua, aunque sea una vez en la vida, permíteme respirar sin sentir la herida. Dame un momento de calma y serenidad, una pausa en el tiempo, un instante de claridad.

Que pueda mirar el cielo sin contar las tormentas, y sentir el sol acariciar mis penas ausentes. Dame la fuerza para seguir adelante, y la esperanza de un mañana radiante.

Que, aunque el camino sea duro y empinado, pueda encontrar en cada paso un aliado. Vida, solo pido ese breve respiro, para recargar el alma y seguir con mi suspiro.

100 Poemas inspirados a lo largo de 10 años de una vida.

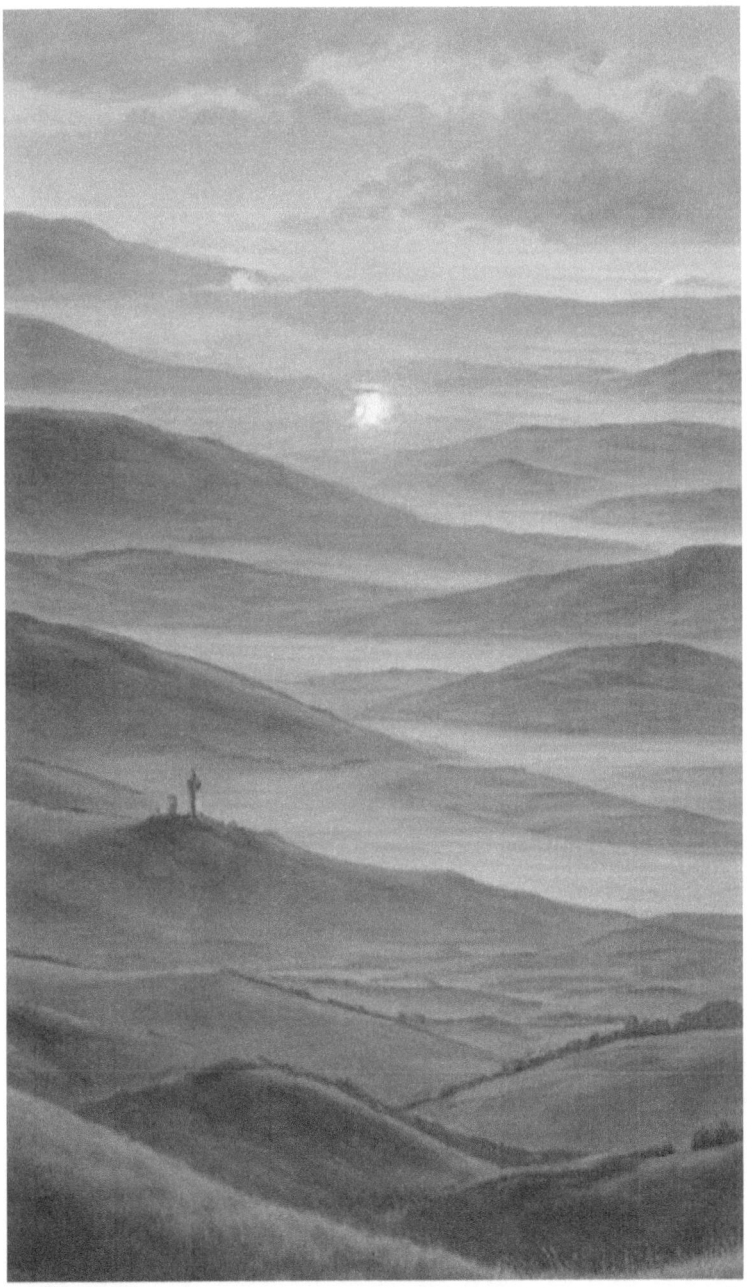

Un Día de Estos

Un día de estos me leerás, y sonreirás, porque sabrás que fuiste tú, sabrás que fue contigo, sabrás que fuiste mi cómplice.

Cómplice de locuras y aventuras, desde abajo hasta las alturas, de pensamientos y sentimientos llenos de ternura.

Cómplices de ser una misma piel más de una vez, de secretos, de discusiones e ilusiones.

Cómplices de un futuro que no vimos, de ideas desechadas, de caprichos sin sentido y una fecha reservada.

Pero si de algo estoy seguro, es que sonreirás.

100 Poemas inspirados a lo largo de 10 años de una vida.

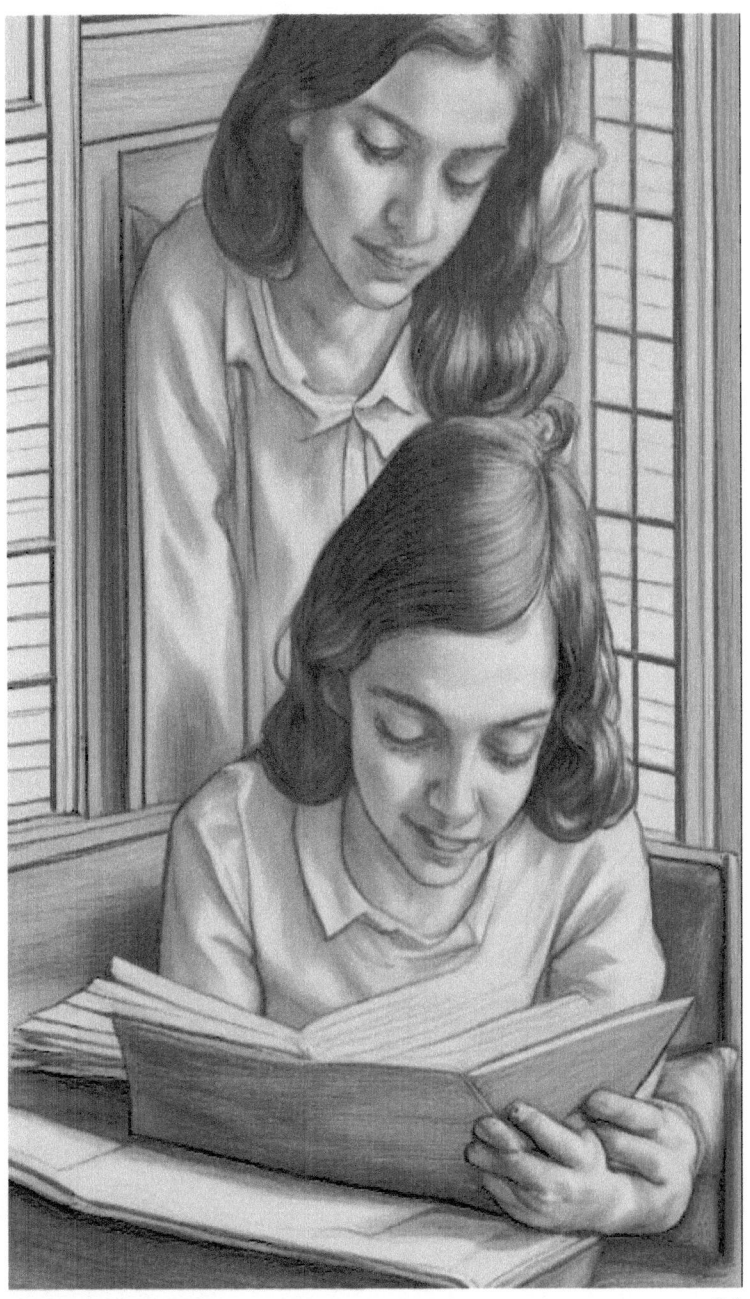

Regalos del Universo

¿Sabes porque estoy seguro de que eres lo mejor que me ha pasado?

Porque llegaste cuando entendí que solo merecía lo mejor.

Porque en tus ojos encontré un reflejo de mi alma, Y en tu sonrisa, la paz que tanto anhelaba.

Porque en cada abrazo siento que el mundo se detiene, Y en cada palabra, la certeza de que todo estará bien.

Porque en tus manos hallé el refugio perfecto, Y en tu voz, la melodía que calma mis tormentas.

Porque cada día a tu lado es un regalo, Y cada momento, un tesoro invaluable.

100 Poemas inspirados a lo largo de 10 años de una vida.

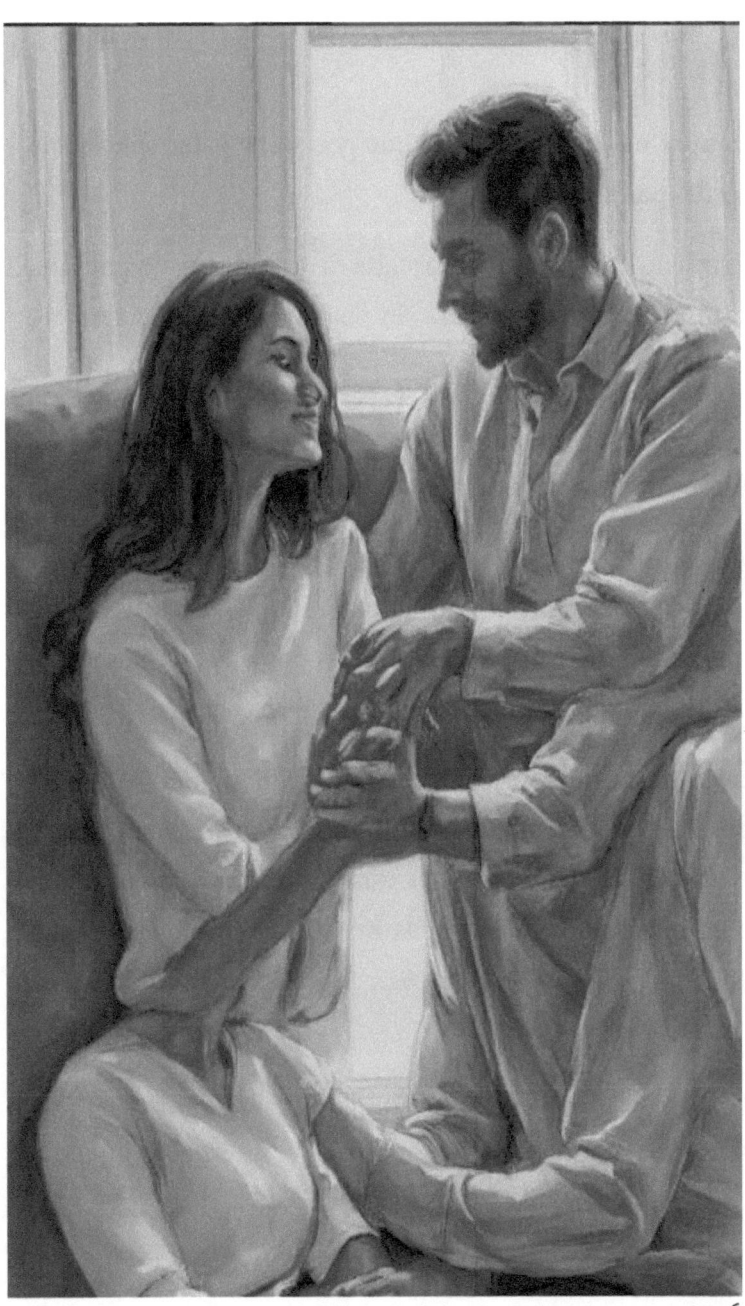

La Tesis

Siempre me he preguntado qué porque al estar contigo no escribo nada.

Al principio creí que era por falta de tiempo, luego por falta de inspiración, y seguí así sin darme cuenta que siempre tuve la respuesta al frente.

Y veras mis versos son tristes y mis palabras amargas, soy de esos poetas que cuando abre el corazón, casi no tiene alegrías para contar, y supongo que nunca lo vi.

Te hablo de desamores, te hablo de la luna y las estrellas, te hablo de manera abstracta y quizás por eso no te escribía, porque la fuente de inspiración era la equivocada.

Luego de tanto pensar y meditar me di cuenta de que la causa de que no te haya escrito es por la felicidad que le brindas a mi vida. Como no estar feliz con tu bienvenida, como no estarlo con esa bella mirada, como no estar feliz, con tus delicados abrazos, y esa mente de niña atolondrada.

Te veo y todo en lo que puedo pensar desaparece, porque no queda más que apreciar esa belleza interna de un alma libre y que me ama.

100 Poemas inspirados a lo largo de 10 años de una vida.

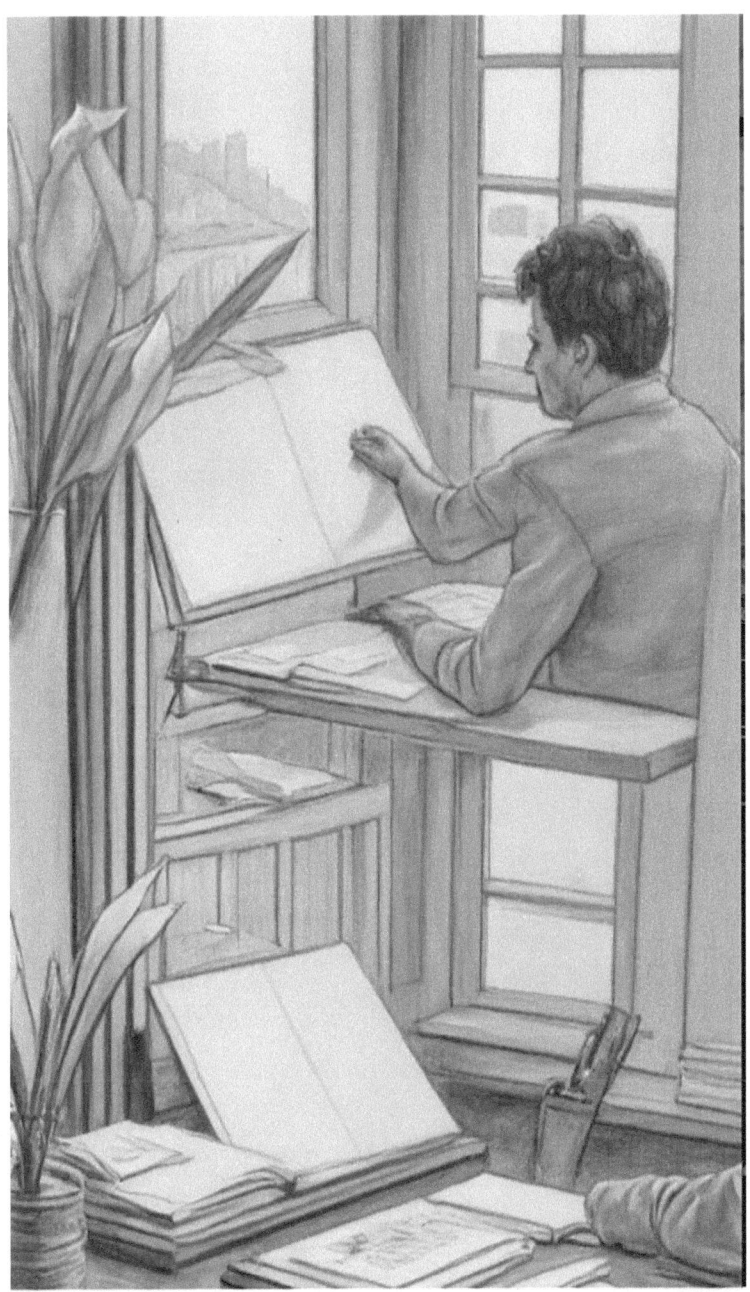

¿Te Perdí?

¿De verdad te perdí? ¿O es solo un mal sueño? ¿Es acaso el final, o un nuevo comienzo? La duda me consume, la incertidumbre me abraza, en cada rincón de mi mente, tu recuerdo se enlaza.

¿Es posible que el destino sea tan cruel y despiadado, de arrancarte de mi lado, dejándome desolado? Aún siento tu presencia, en cada sombra que se mueve, en cada risa que resuena, en cada lágrima que llueve.

Quizás nunca te perdí, pues vives en mi memoria, en cada página escrita de nuestra eterna historia. Y aunque la distancia nos separe con su fría barrera, en mi corazón siempre tendrás tu hogar, primavera.

100 Poemas inspirados a lo largo de 10 años de una vida.

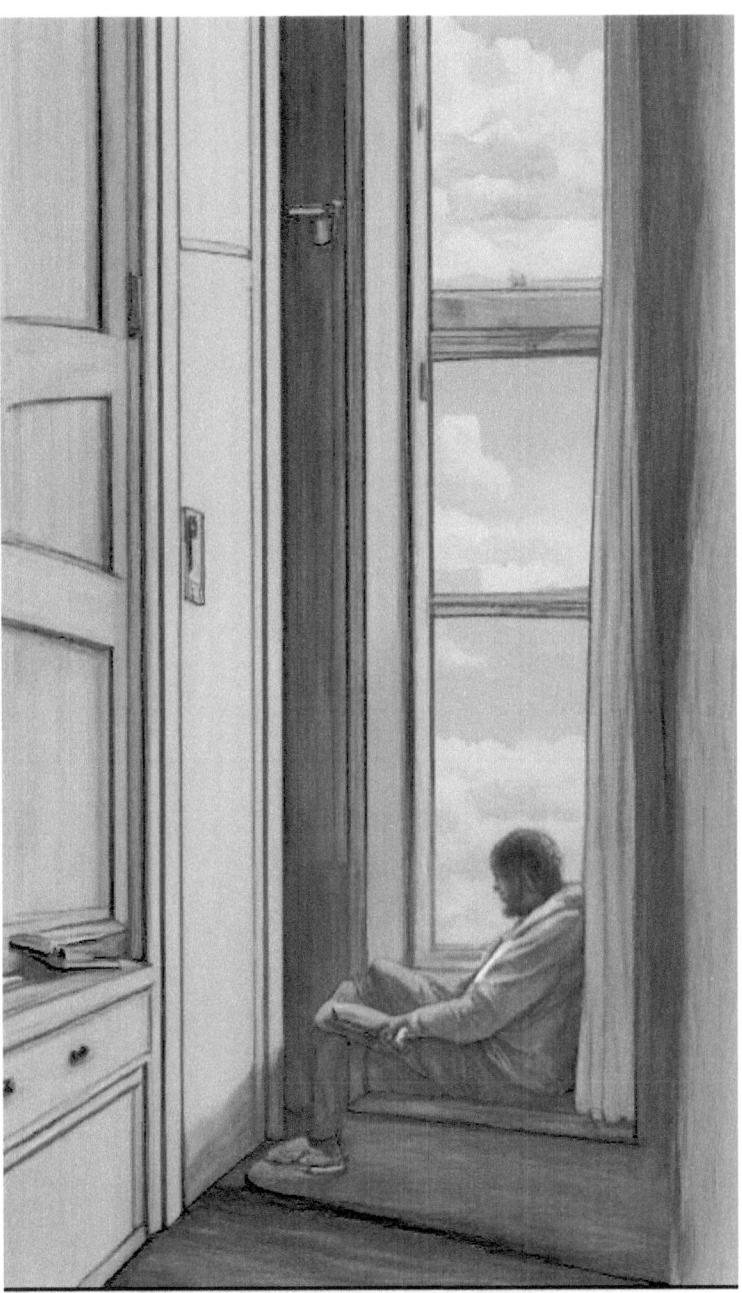

Ayer Creí Verte

Me pareció verte, tan bella, tan hermosa, solo comparada con una rosa, pues pura era tu belleza.

Incomparable como siempre, tan diva, tan paciente, caminando como una dama, con su estilo tan ardiente, y con una sonrisa única y su mirada incandescente.

Me pareció verte pasando justo a mi lado, con tus tacones rojos puestos que hacían juego con tus labios.

Me pareció verte sentí como me saludabas, hasta que me di cuenta que como siempre fue un juego de mi mente.

100 Poemas inspirados a lo largo de 10 años de una vida.

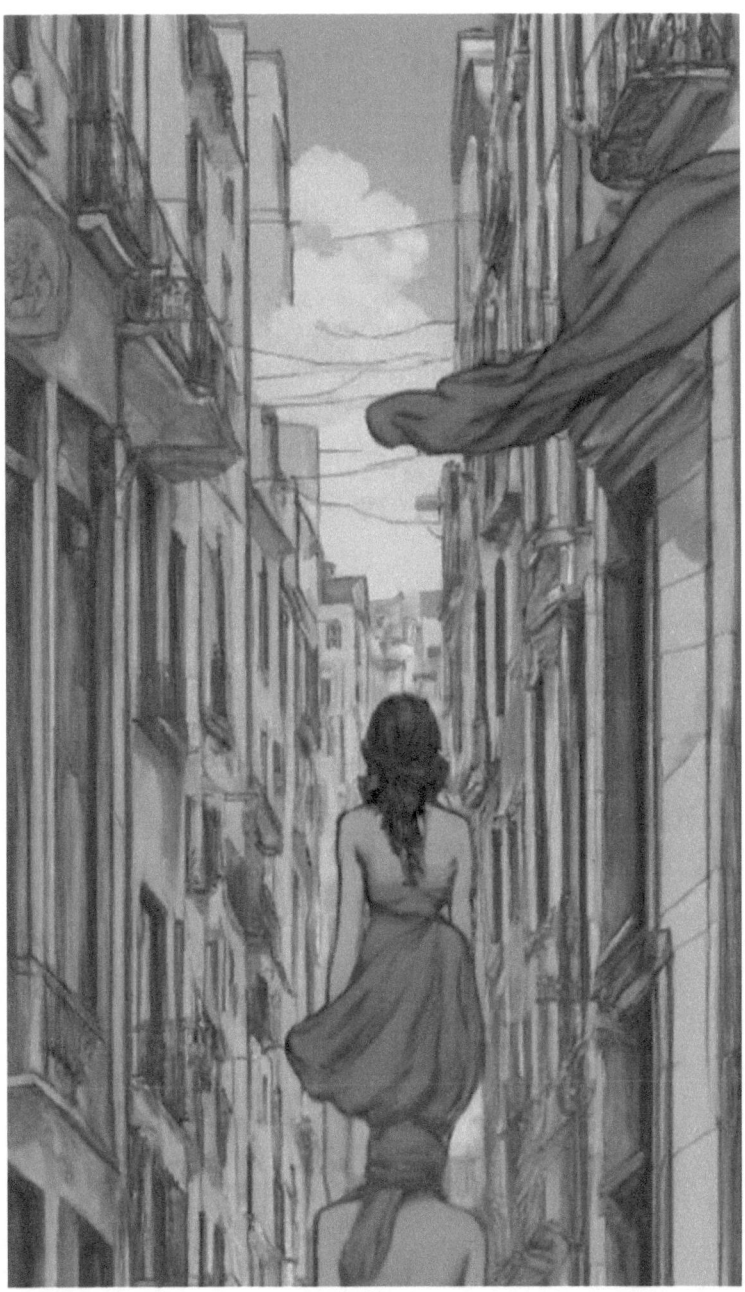

Desconectado

Me volví a perder, a mil yardas de donde estoy, sin nada en la mente, solo hay, observando un punto fijo como si fuera lo único que existe.

Mutando todo a mi entorno, sin escuchar, sin poder ver lo que está más allá de ese punto fijo.

Como si estuviera mirando la nada misma, o quizás dentro de mí, sin sentir, sin saber, lo que está más allá de ese punto fijo.

Cuando un sonido me hace volver a esta realidad en la que vivo, sin saber cuánto tiempo me fui, sin saber cuánto tiempo estuve allá, pero un sonido que me hace viajar mil yardas a la velocidad de la luz desde ese punto fijo hasta está mi realidad.

100 Poemas inspirados a lo largo de 10 años de una vida.

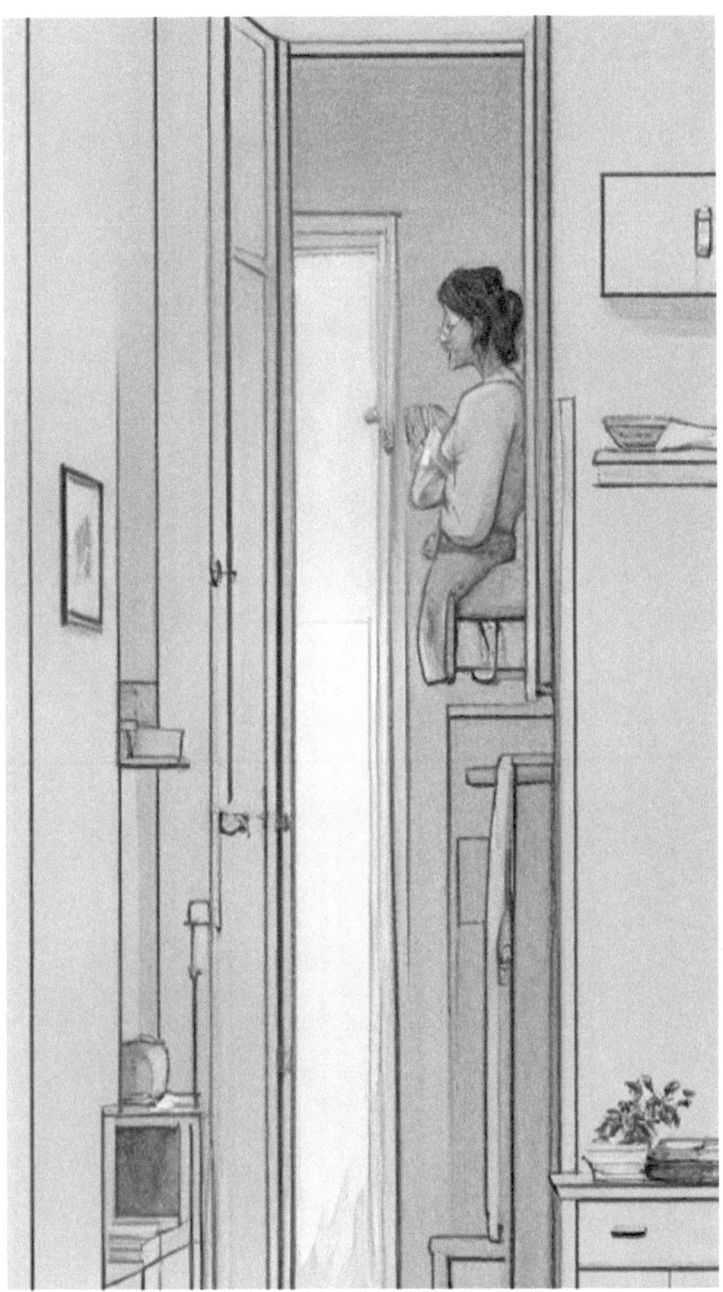

La Certeza

No sé lo que siento, pero sé que es un sentimiento hacia lo que siento.

Por eso pienso que, si te pienso, lo que yo siento es amor.

100 Poemas inspirados a lo largo de 10 años de una vida.

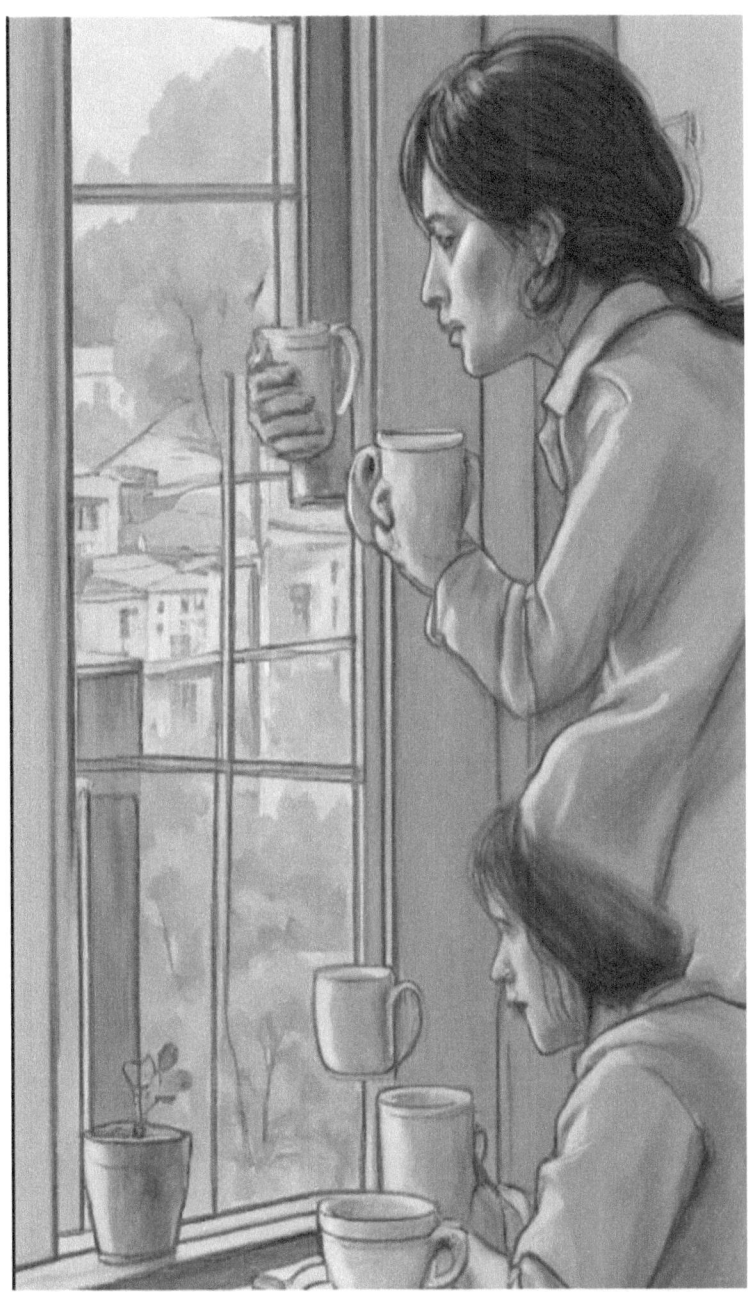

Un Lugar

Encontremos en aquel lugar el cual nos prometimos hace tiempo, aquel lugar al cual nuestros cuerpos cual inercia son impulsados hacia allá.

Un lugar, donde no importa dónde nos encontremos siempre será nuestro norte. Ese lugar que nos atrae como imanes.

Un lugar donde llegamos sin pensarlo, sin esfuerzo, solo con la convicción como brújula de que allí nos encontraremos.

Un lugar donde no habrá males, donde podremos con todo y seguiremos de pie, un lugar allá en el futuro distante de nuestros sueños realizados.

¿Me acompañas?

100 Poemas inspirados a lo largo de 10 años de una vida.

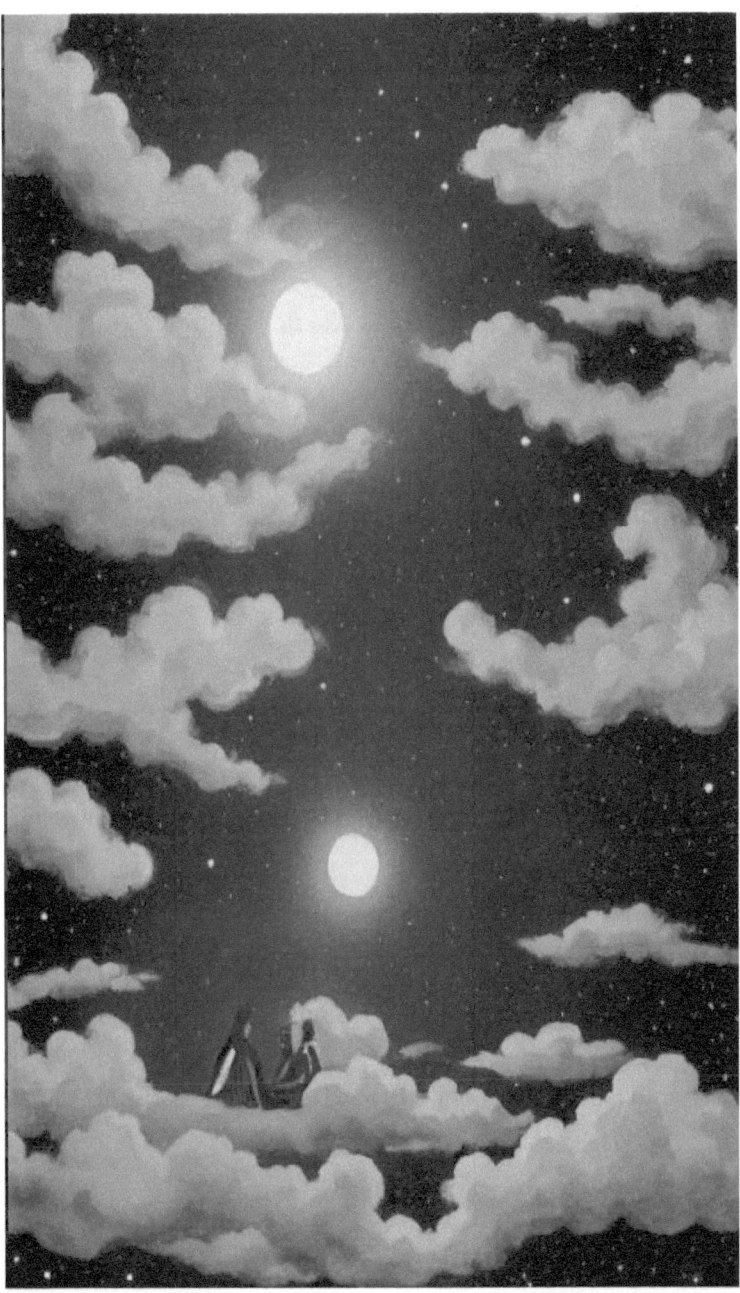

Simplemente Loco

Y yo tratando de ser normal, en un mundo donde las grandes mentes están locas, o eso se cree.

Ya que solo las mentes locas van más allá de lo normal, más allá de la conformidad, más allá de lo simple.

Mentes que son capaces de ver lo extraordinario. Y yo tratando de ser normal, cuando en definitiva no lo soy.

No especial, no grandioso, no extraordinario, simplemente loco.

100 Poemas inspirados a lo largo de 10 años de una vida.

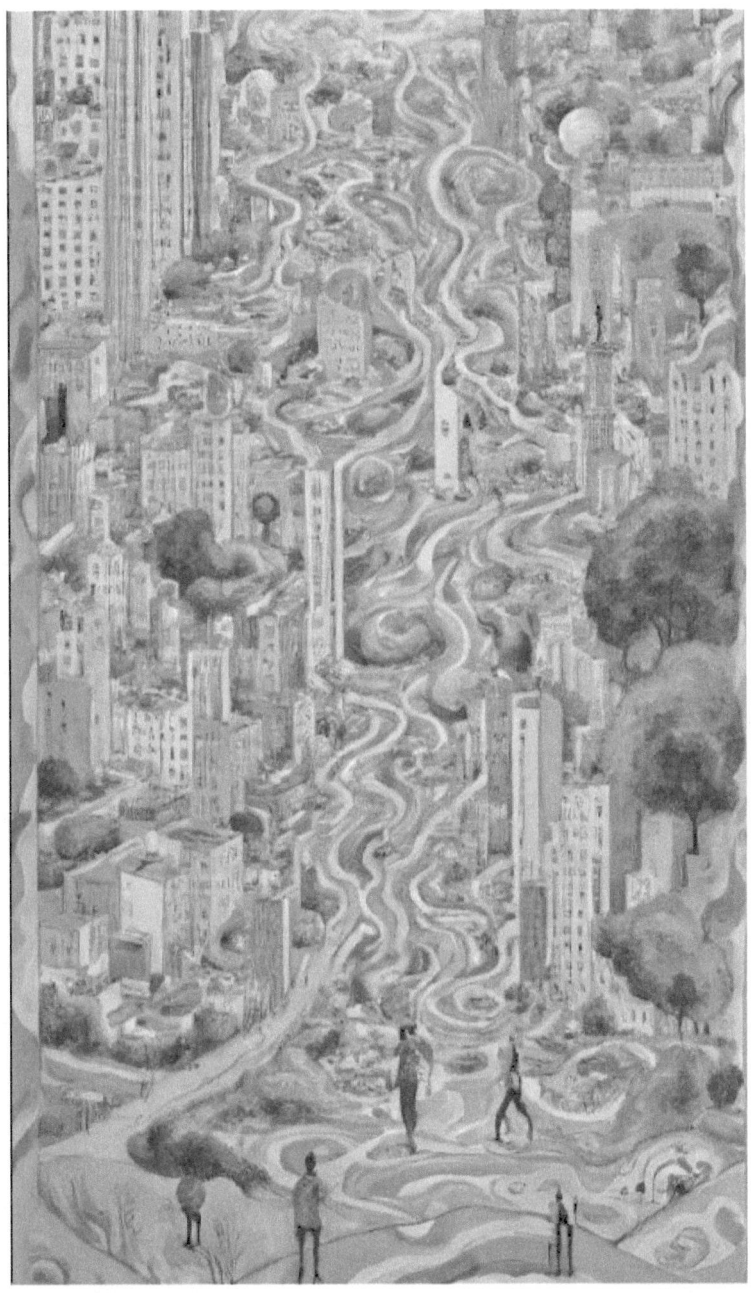

La Original

Eres la original y única, de donde se desprenden todos mis gustos, cada una después de ti, una variante más encontré, un reflejo de tu piel, de tus ojos, de tu sonrisa, eterna e irrepetible, como tú.

En cada mirada busco tu esencia, en cada risa, tu melodía, eres la musa que inspira mi arte, la razón de mi nostalgia y alegría.

Eres esa, a la que busco, la que perdí, la que no he vuelto a encontrar.

100 Poemas inspirados a lo largo de 10 años de una vida.

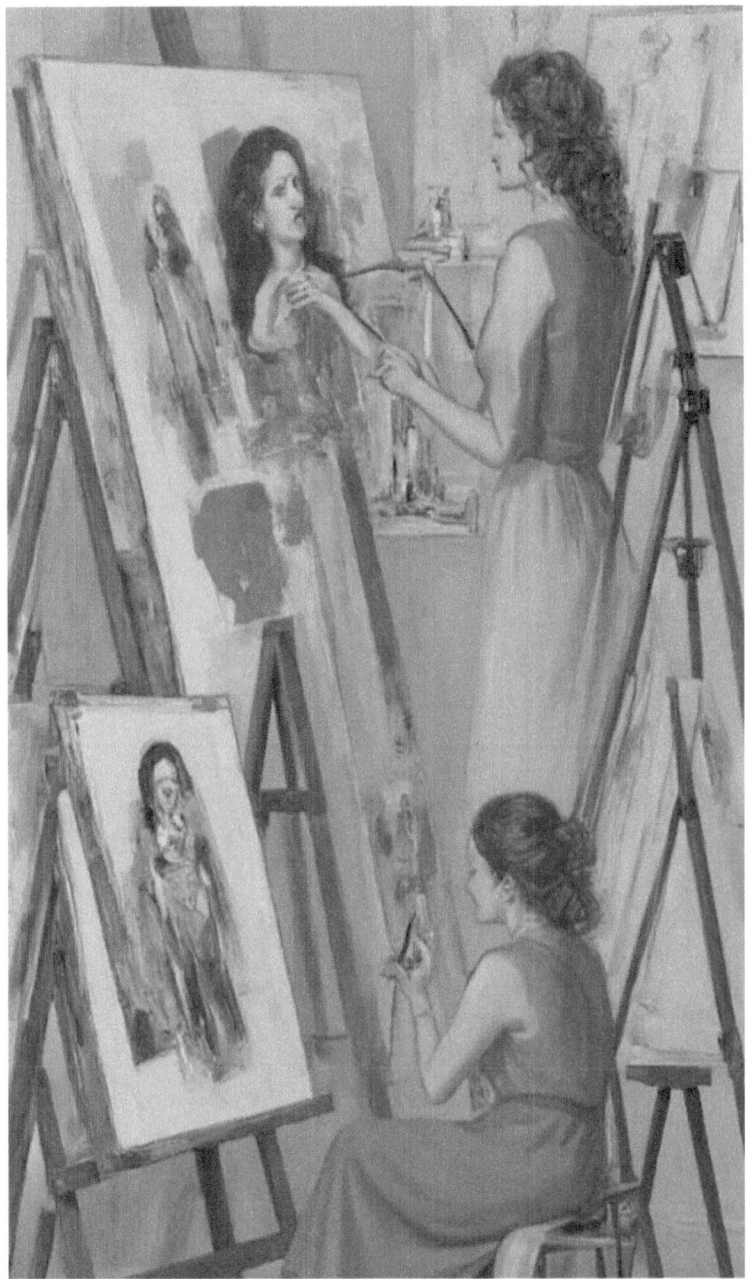

Tus Ojos

Tus ojos llenos de luz cuentan la historia de toda una vida que iba de esquina en esquina, hasta que el amor conoció.

Bendito amor que lleno el alma, y que logro ver en cada alba, como la primera vez, no olvido como fue, pues muy lindo se sentía. Que la visita cada día para llenarla de energía.

Nada es, nada fue, como lo que será.

100 Poemas inspirados a lo largo de 10 años de una vida.

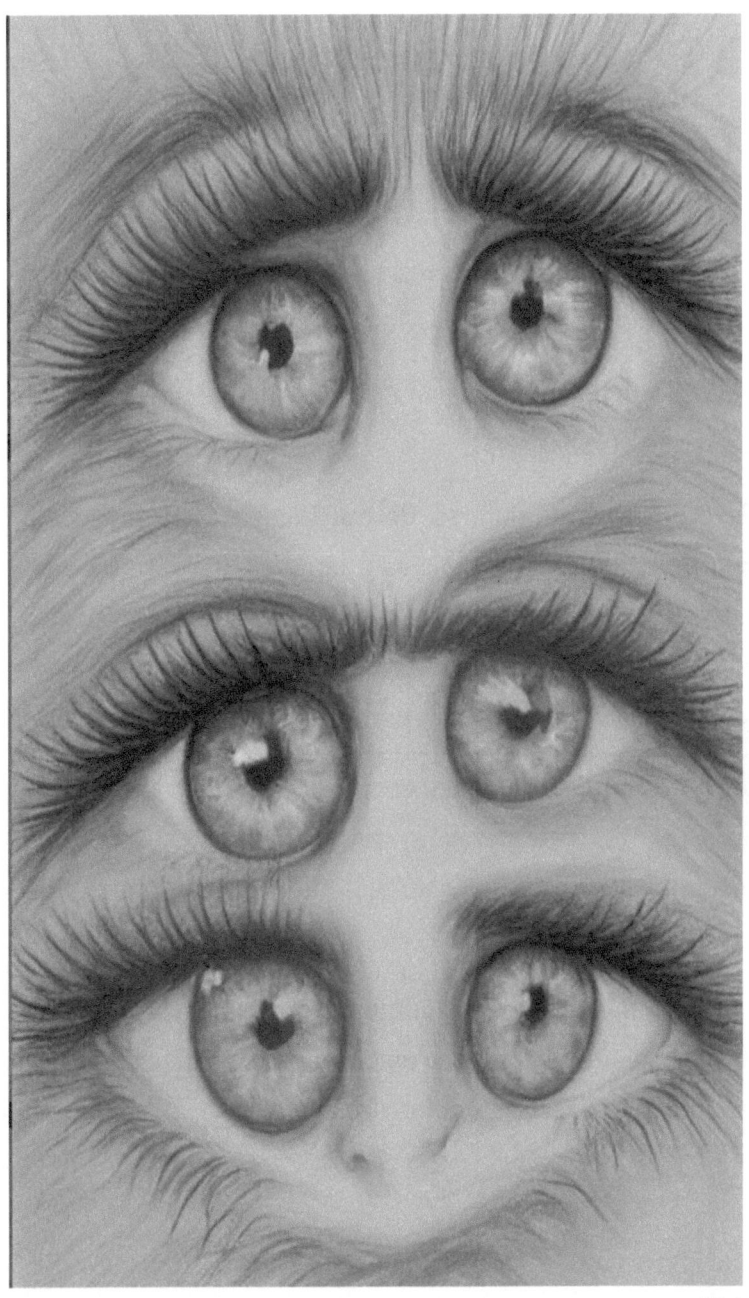

El Peso Que arrastro

Sentí la mochila tan pesada e hice un inventario de lo que llevo:

Llevo mis libros, llevo mis notas, llevo cargadores y marcadores, llevo lapiceros, llevo agua para el camino.

Pero no son cosas que pesen tanto, hasta que me dispuse a ver lo que llevaba:

Llevo una vida de dolores, de traiciones y mentiras, llevo toda una vida de experiencias y temores, llevo un pasado que pesa, y un futuro incierto, llevo relaciones y trabajos, deudas y pensamientos, llevo todo lo que necesito para no necesitar nada y aun así siento que falta algo

Llevo un inquietante dolor en el pecho, preocupaciones y desvelos, llevo tristezas y risas, momentos bellos y recuerdos hermosos, llevo un más allá con una nota escrita con un para después.

Y me dije mejor quitarme la mochila pues demasiado peso llevo, hasta que esa voz que me acompaña me dijo: No es la mochila lo que revisas sino tu alma.

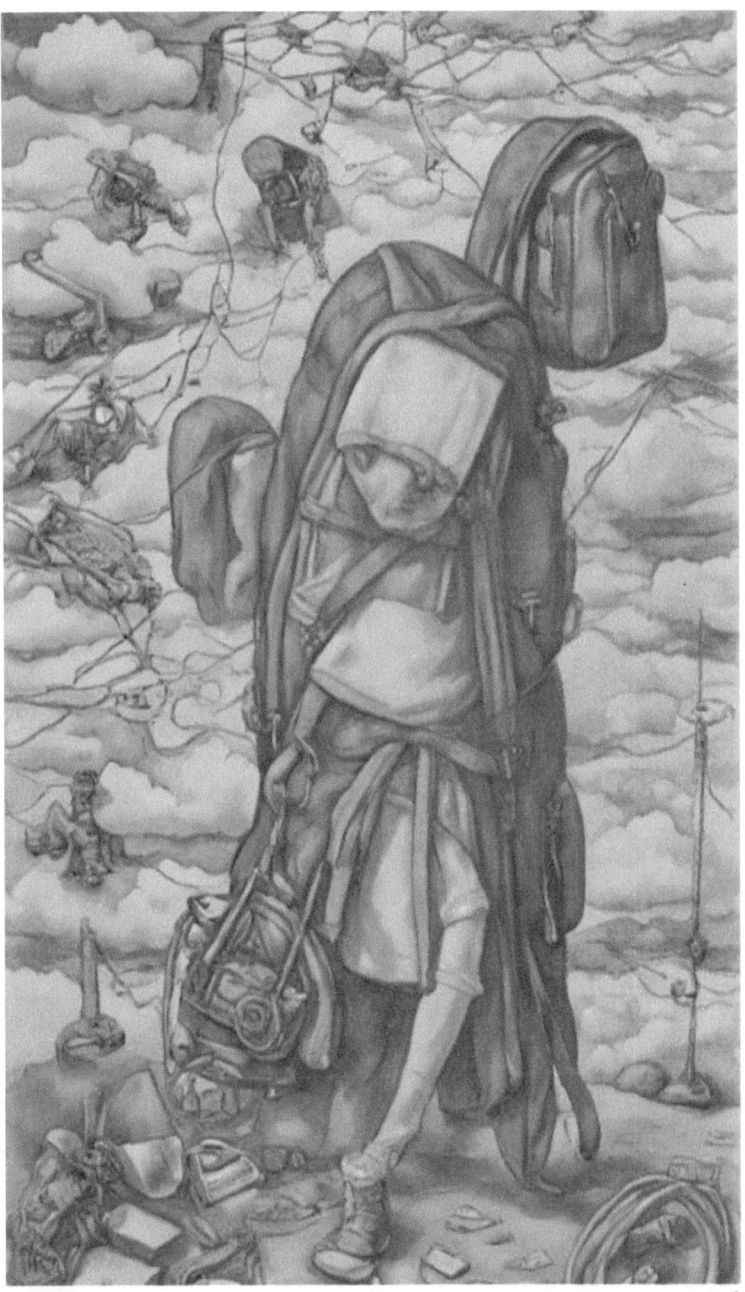

Fachada

Me pareciste interesante, una figura enigmática, con un halo de misterio, casi una estampa mítica. Hasta que te conocí, y la ilusión se desvaneció, la fachada era todo, y el encanto se esfumó.

Eras como un libro con una portada brillante, prometiendo aventuras, emociones palpitantes. Pero al abrir las páginas, solo hallé la insipidez, palabras sin sustancia, sin rastro de profundidad.

Me di cuenta que era lo único que tenías, una superficie lisa, sin las marcas de la vida. No había cicatrices, ni historias que contar, solo un eco silencioso, y nada que recordar.

100 Poemas inspirados a lo largo de 10 años de una vida.

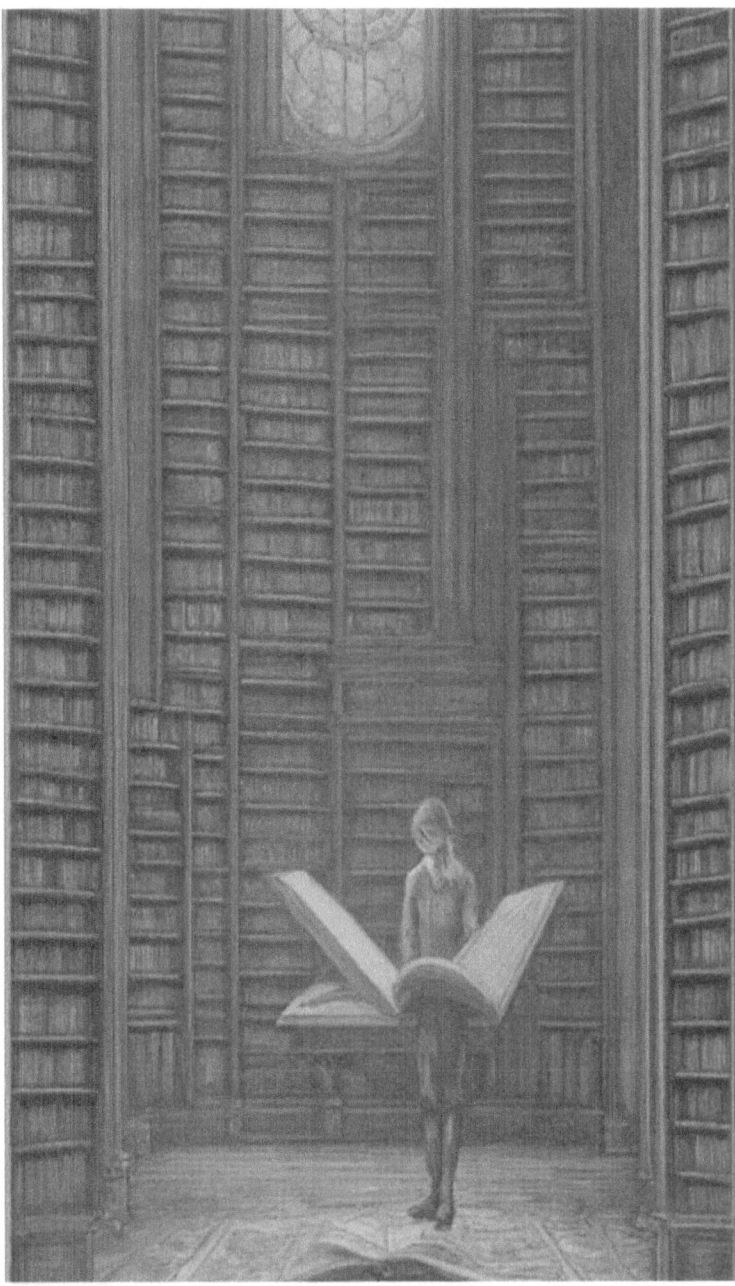

Necesito Vacaciones

Necesito vacaciones, de los sentimientos, de los pensamientos, de todas estas voces que no me permiten disfrutar del silencio.

Necesito vacaciones de la rutina, de las personas, de la ciudad, del trabajo, de las luchas.

Quiero permitirme la calma, donde el viento sea mi única compañía, y el con el mar como mi melodía constante.

Anhelo un refugio donde el tiempo se detenga, y cada segundo sea eterno, sin prisas, sin miedos, solo paz, solo sosiego.

100 Poemas inspirados a lo largo de 10 años de una vida.

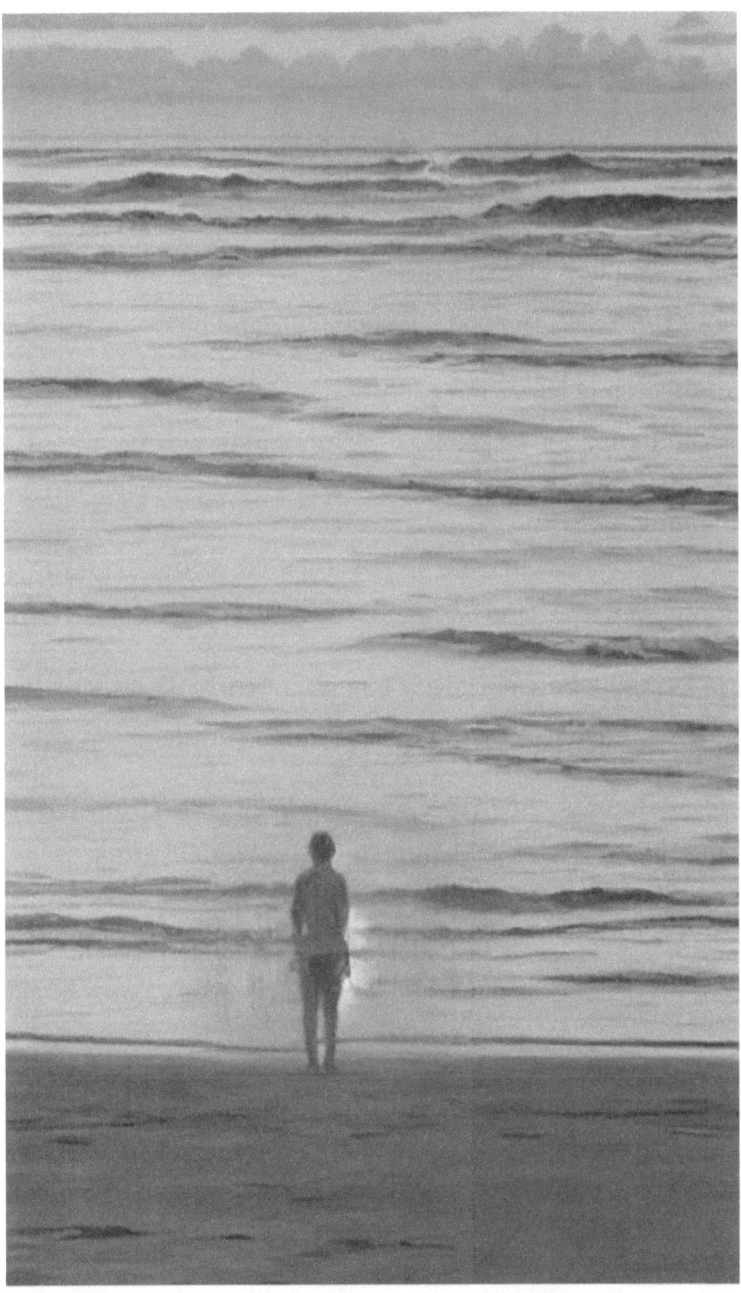

Cobre por Oro

En la mina comprada, deslumbrado, un tesoro creí hallar, "Adiós problemas", pensé, "la felicidad al fin va a llegar".

Mas los sabios advirtieron, "No hay oro, es un error", ignoré sus palabras, en la búsqueda puse mi fervor.

Profundo en la cueva me adentré, en pos del brillo dorado, pero, mi ropa se rasgó, mis herramientas perdí y me vi desgastado.

"Estás flaco", decían mis amigos, mas no cesé de excavar, con esperanza y sueño en mano, sin nunca desanimar.

El brazo derecho entregué, y con él, un trozo de mi vida y solo cobre encontré, en esa búsqueda tan sufrida.

Perdí vestiduras, dinero y tiempo, en la cueva oscura y fría, quedó solo el recuerdo, de una ilusión que en mí ardía.

No fue oro, sino cobre, lo que la mina me ofreció y un espejismo de riqueza, que en mi mente habitó.

100 Poemas inspirados a lo largo de 10 años de una vida.

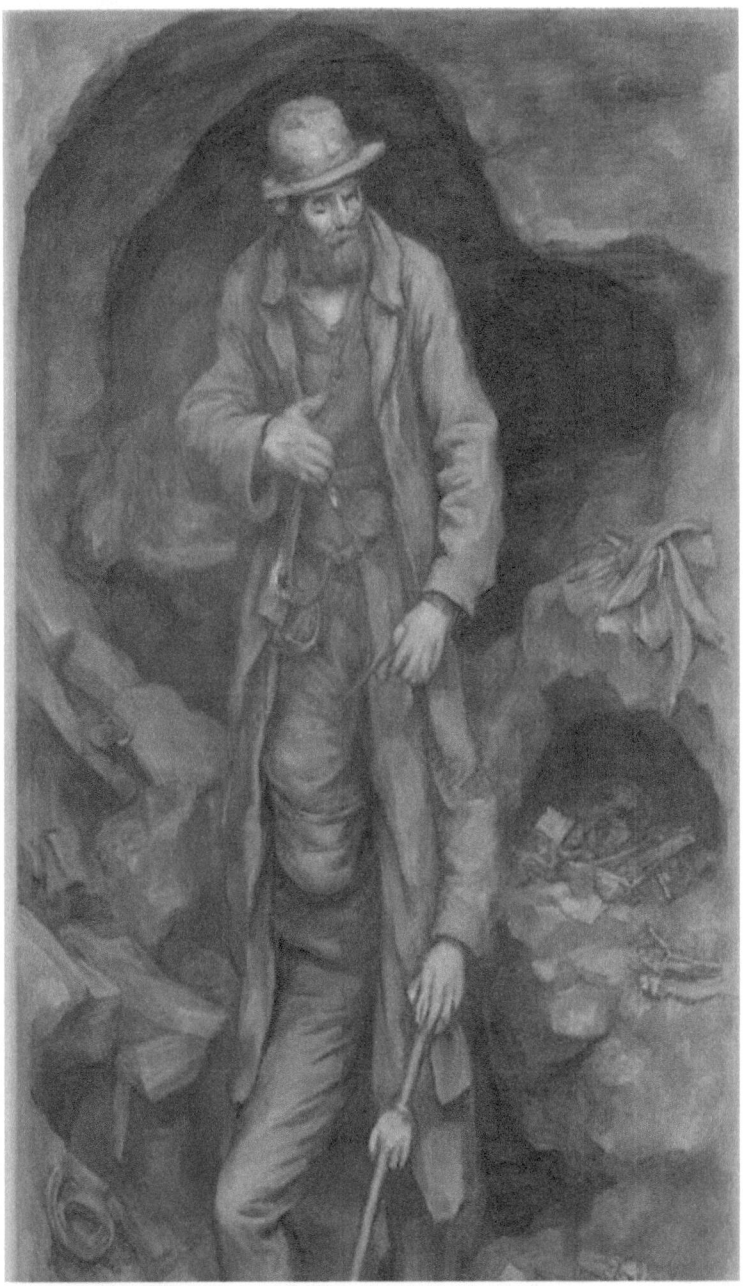

Me Bese con Tu Esposa

Me besé con tu esposa, y no solo una vez, sino muchas. No puedo negar que lo disfrutamos. Cada beso detenía el tiempo, como si dos estrellas colapsaran, dando como resultado la estela de calor más satisfactoria en el universo.

No solo besé su boca, sino también su cuello, que fue cómplice de nuestros planes. Con cada beso, su hermosa sonrisa se revelaba, tan particularmente bella. No puedo describirte el brillo que había en sus ojos, esa cara tan hermosa que, con cada beso, se enrojecía más.

No fue a escondidas, sino en público, ya que no tenemos nada que ocultar. Pero no te preocupes, ella nunca te ha fallado. Cuando compartimos esos besos, ella aún era mía."

100 Poemas inspirados a lo largo de 10 años de una vida.

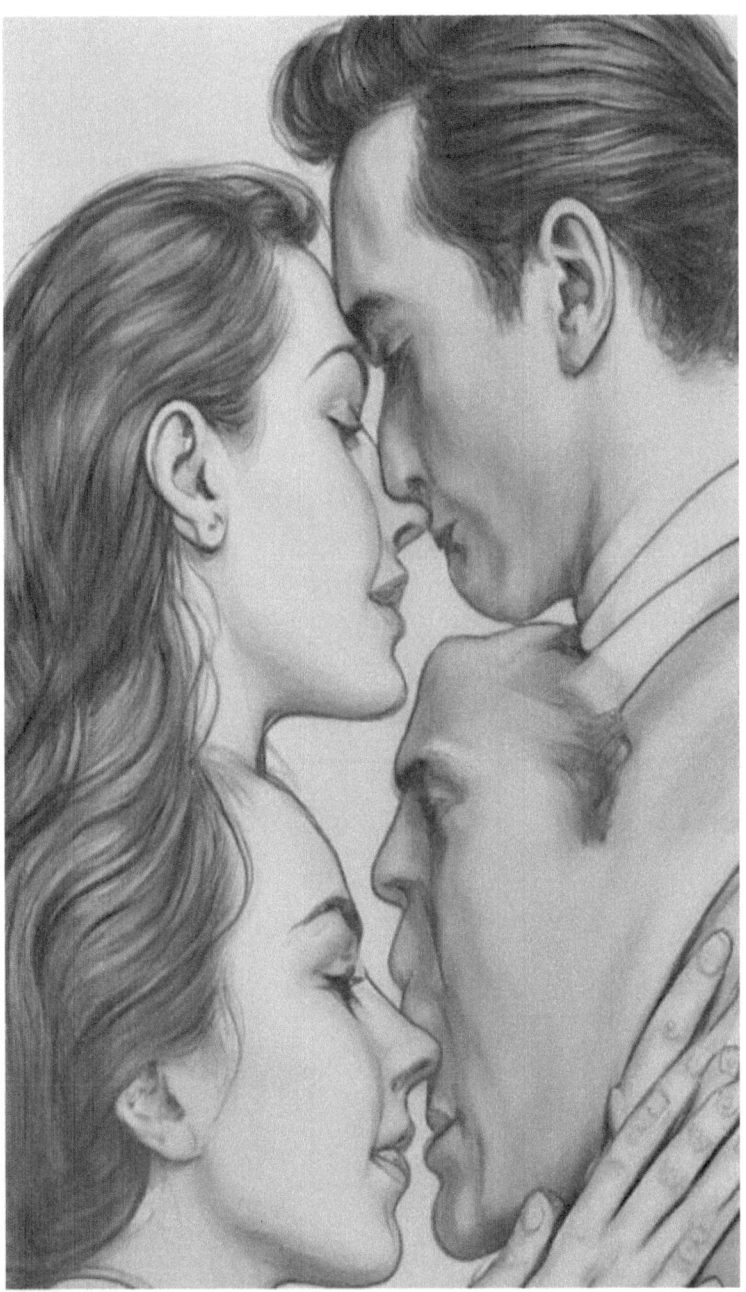

Tu Valor

Junto a la quietud de la noche, con el corazón en pedazos, No buscaste venganza, ni herir con tus brazos.

Te quedaste en silencio, en la calma del dolor, Tratando de entender, buscando el valor.

Con lágrimas en los ojos, y el alma en duelo, No alzaste la voz, ni lanzaste un anhelo. Solo te quedaste ahí, en la sombra de la pena, Sanando tus heridas, sin rencor ni condena.

Tu verdadero valor, en la tormenta se mostró, Cuando el odio no te tocó, y el amor prevaleció. En la fragilidad, encontraste tu fuerza, Y en la oscuridad, tu luz se hizo inmensa.

100 Poemas inspirados a lo largo de 10 años de una vida.

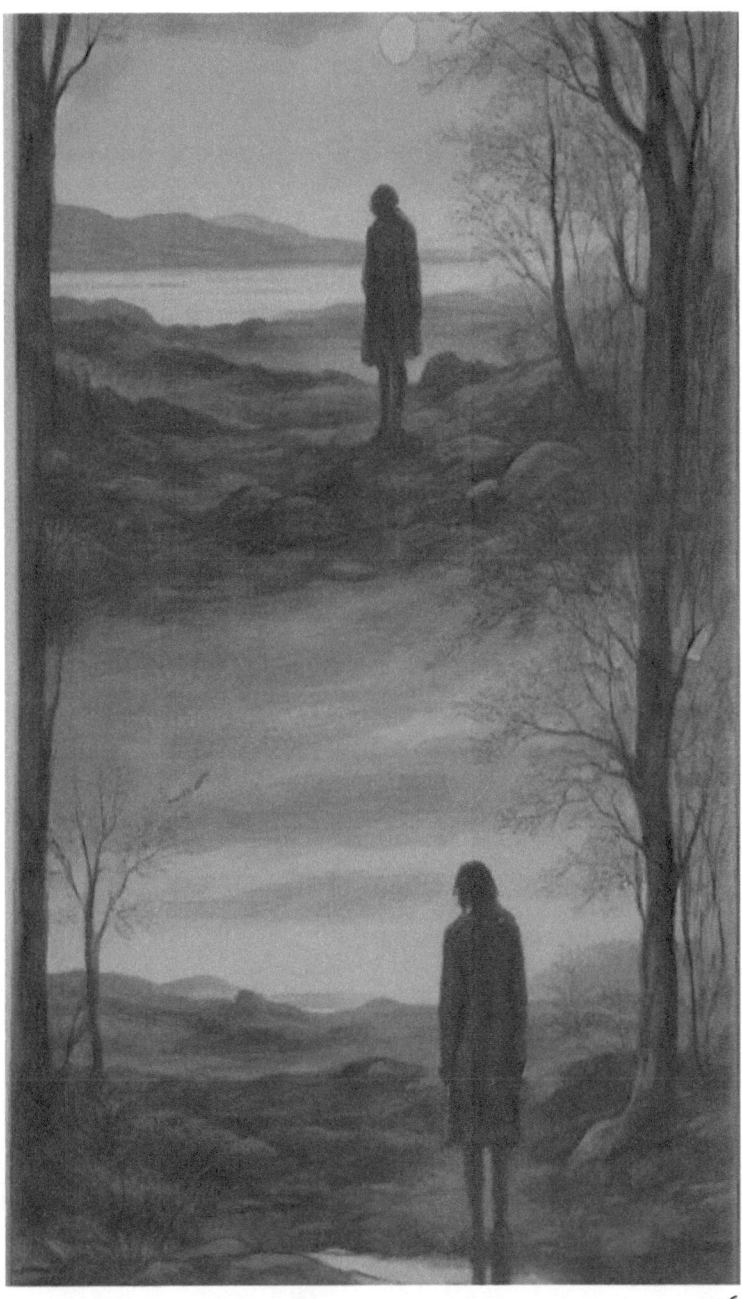

Queridos Amigos

En el pasar de los días, donde el reloj se enreda en sus agujas, se desvanecen los abrazos, y las risas quedan atrapadas en el viento.

Los amigos, como estrellas fugaces, se alejan en sus órbitas individuales, sus caminos trazados por responsabilidades, y la nostalgia se posa en el pecho.

¿Dónde quedaron las locuras nocturnas, los secretos compartidos bajo la luna? Ahora, somos adultos, y el tiempo se escapa entre los dedos.

Pero aún en la distancia, en los silencios que se alargan, persiste el eco de risas pasadas, y la promesa de reencuentros.

Porque la vida adulta es un laberinto, donde nos perdemos y nos encontramos, y aunque el tiempo sea escaso, el corazón siempre anhela compartir.

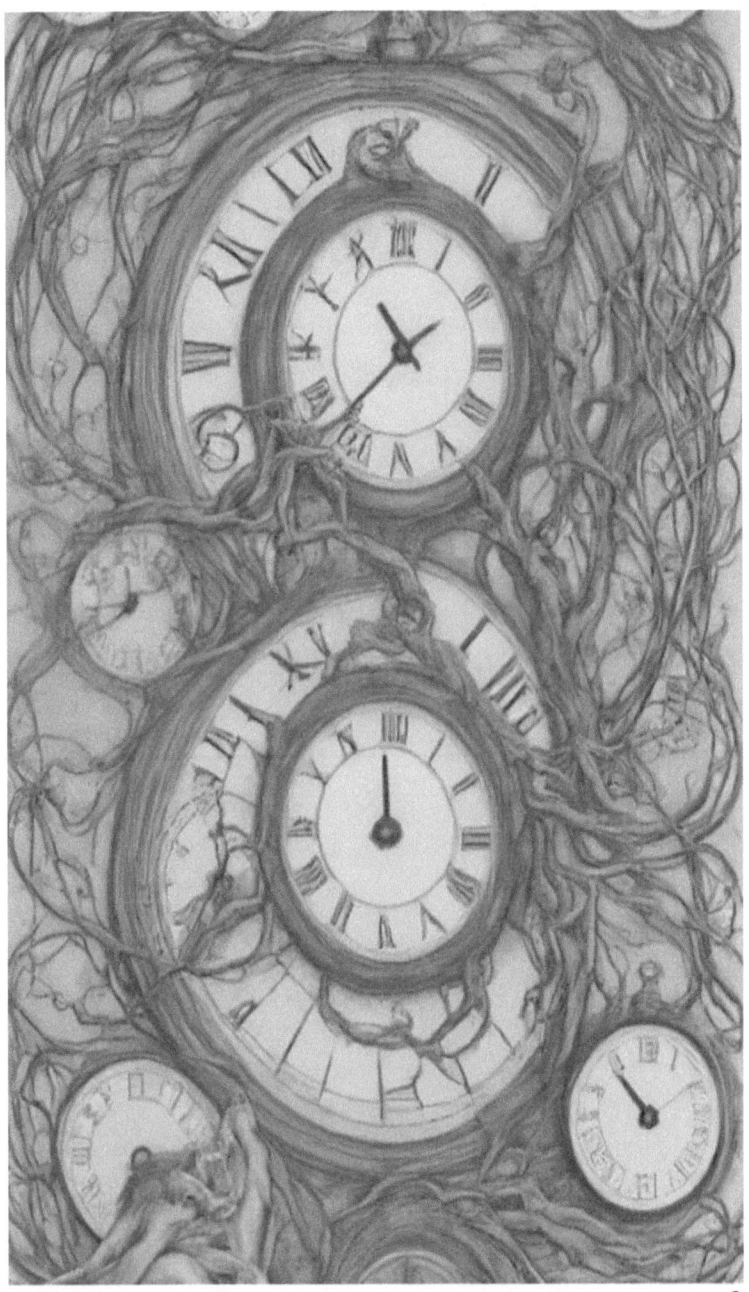

Felicidad

Oh felicidad tan malvada, que llegas a nuestras vidas sin previo aviso, que nos elevas más allá de lo imaginable, para dejarnos caer de un solo tirón.

Tu que nos das a probas de esa dulce elipsis, y volvernos adictos a ti, para luego desaparecer mágicamente.

Tu que después de jugar al abrazo más fuerte, cambias el juego por las escondidas y condenándonos a buscarte por la vida, por la eternidad.

100 Poemas inspirados a lo largo de 10 años de una vida.

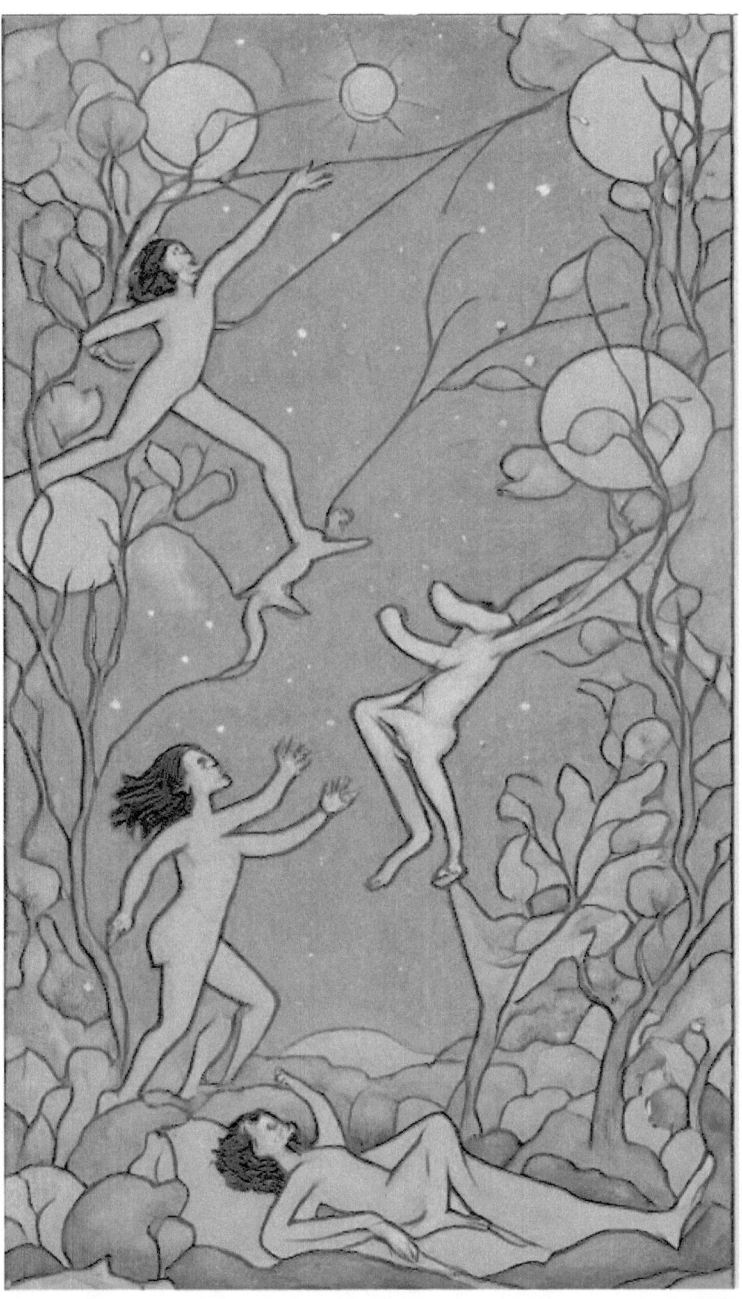

Mil Peldaños

Llevo años subiendo una escalera, sus peldaños se alargan sin fin, una historia distinta se revela, mientras asciendo, sin saber el fin.

La baranda a los lados me guía, un único camino hacia arriba, cada peldaño trae un nuevo desafío, un problema que enfrento con valentía.

¿Qué aguarda en la cima? No lo sé, pero no tengo más opción que seguir, los escalones detrás de mí desaparecen, como si el tiempo los borrara sin cesar.

Sin descanso, sin pausa, avanzo sin tregua, pues algunos peldaños tienen límite de tiempo, cada reto deja su huella en mi alma, y a los 10 mil escalones, mis suelas se desgastan.

Dejo una marca roja en cada paso, como si la escalera ansíe mi esencia, y yo, exhausto pero decidido, sigo ascendiendo en esta danza sin cadencia.

100 Poemas inspirados a lo largo de 10 años de una vida.

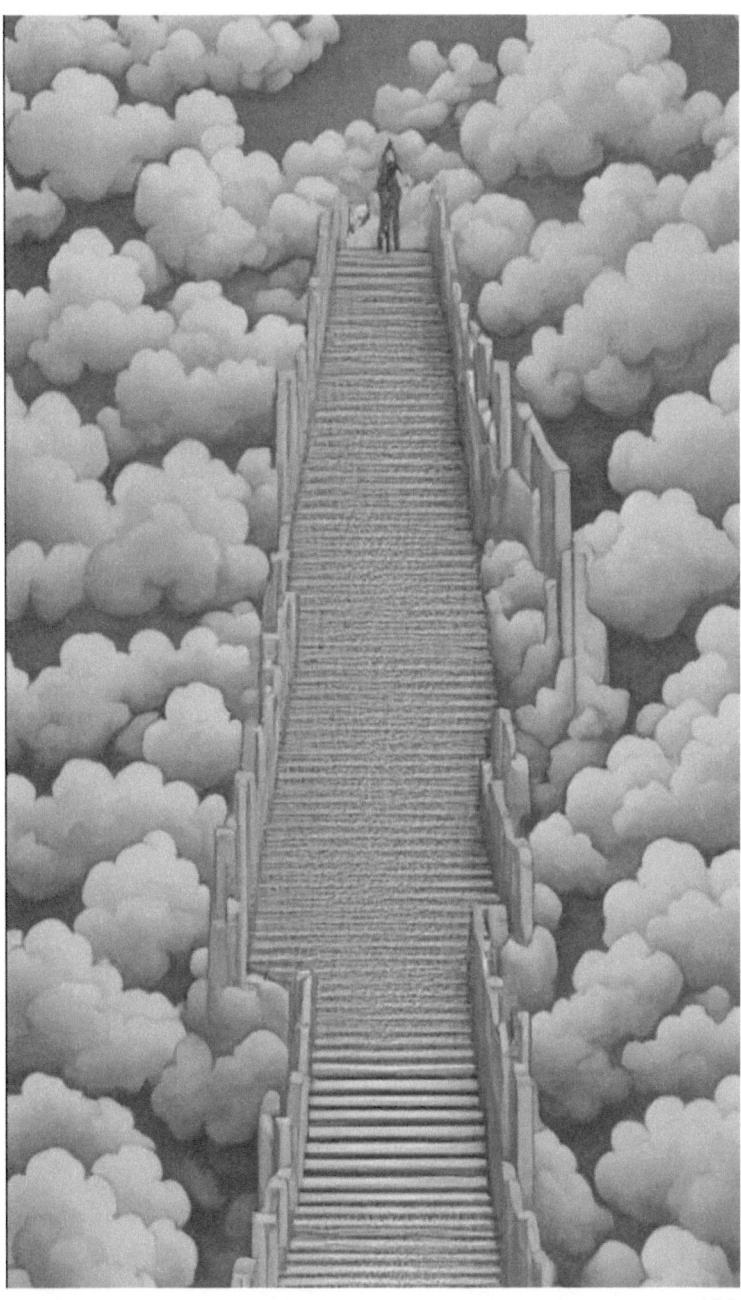

Felices por Siempre

¿Por siempre? No.

Más bien por ratos, ratos inolvidables, ratos llenos de fe, de amor, de esperanza, ratos que eran suficientes para recargar energías y seguir.

Ratos viendo ti carita, tan hermosa y delicada, ratos escuchando tu voz y con la cabeza en tu pecho recostada, escuchando tu corazón latir por ratos.

Ratos eternos, y ratos efímeros, pero entre rato y rato fui feliz.

No necesitas un para siempre cuando al recordar cada momento, es como si estuvieras allí.

100 Poemas inspirados a lo largo de 10 años de una vida.

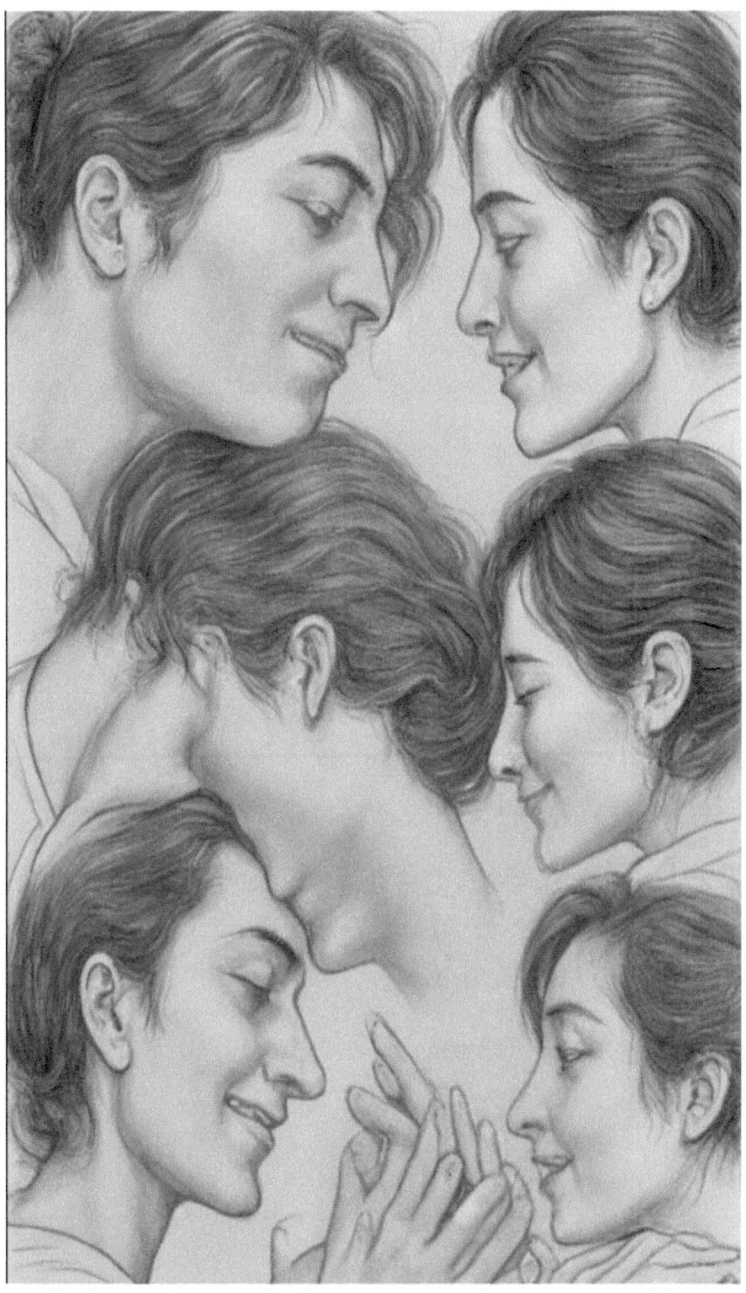

Anemia Falciforme

Como un pacto roto en la médula de la confianza.

Amigo, tus promesas se desvanecieron como glóbulos deformes, y en mi corazón, la traición se volvió una carga pesada.

La falcemia de tus palabras me dejó sin aliento, como si el oxígeno se escapara de mis pulmones.

¿Cómo pudiste, amigo, ser tan frágil en tu lealtad? La traición, como una célula enferma, se multiplicó.

En el banco de la amistad, quedó un saldo negativo, y las memorias se tiñeron de un tono oscuro.

La traición, como una hemoglobina defectuosa, se adhirió a nuestras historias compartidas.

Así, entre la sangre y la fragilidad, aprendí que los lazos pueden romperse, y que la confianza es un tejido delicado, que se desgarra con la anemia de la falsedad.

Amigo, tu engaño dejó una cicatriz invisible, pero en mi alma, la esperanza persiste.

Quizás algún día, encuentre la cura del perdón, pero nunca olvidaré cómo me juraste por tu sangre y saliste con anemia falciforme.

100 Poemas inspirados a lo largo de 10 años de una vida.

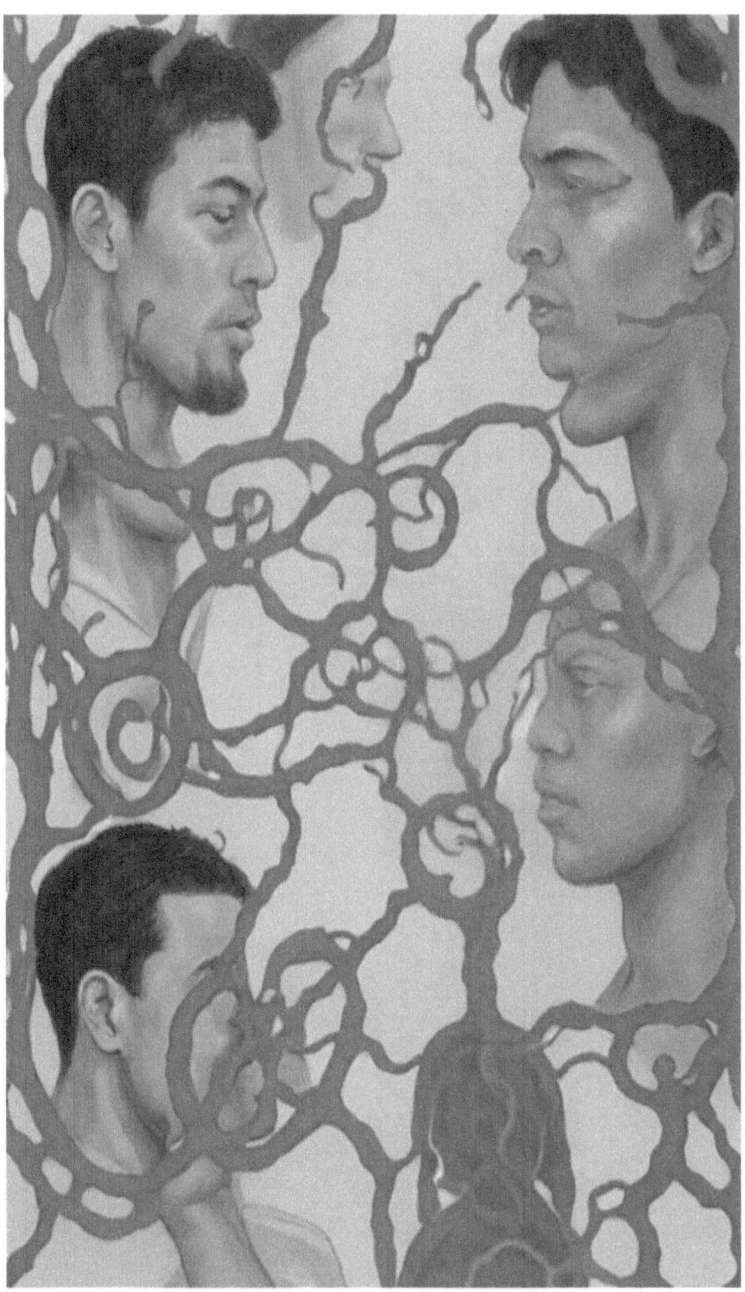

Cero Porciento

Bienvenido cansancio, veo que trajiste muchas maletas y presiento que tu estancia en mi será larga.

Dormí contigo, te alimente, jugué contigo y hasta peleé, discutimos la manera de hacer que te vayas y no la hallé, hable con personas y trate, juro que trate.

Echarte ha sido imposible, una causa perdida, no me dices porque tiempo te quedaras, solo te alimentas de mi mientras me miras.

¿Es tan difícil responderme?, Solo te quedas en silencio, desempacando y desempacando y observando cómo me pierdo.

100 Poemas inspirados a lo largo de 10 años de una vida.

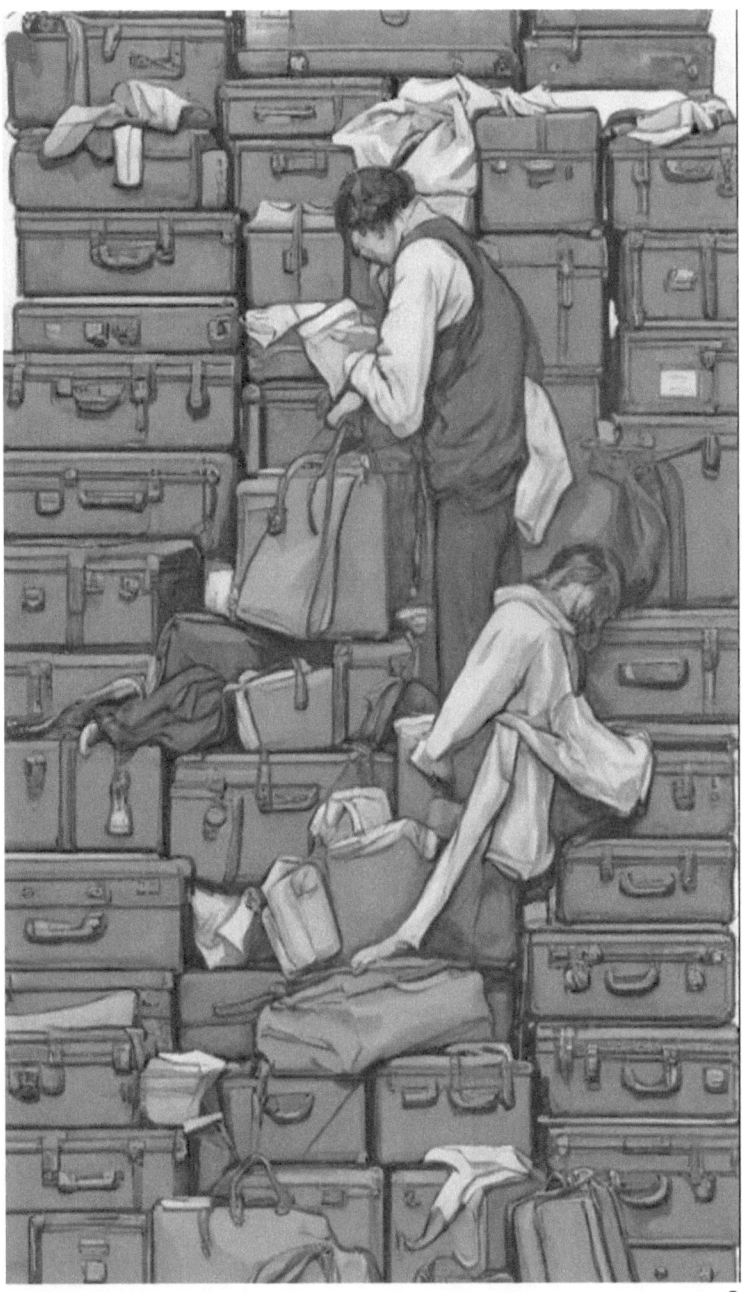

Lagrimas

En un río de lágrimas, el dolor navega, un compañero silente, un peso que se anuda, se enreda en el alma, como hiedra en la piedra, y con cada suspiro, su voz se escucha.

¿Cuántas lágrimas, dices, para acallarlo? Quizás no hay número, sino un eco en el viento, un lamento que fluye, un río sin orillas, donde el alma se ahoga, y el corazón se quiebra.

Mas no temas, viajero, por este camino oscuro, pues en cada lágrima, también germina la esperanza, y en el abrazo del llanto, hallarás la calma, como un sol naciente tras la noche más larga.

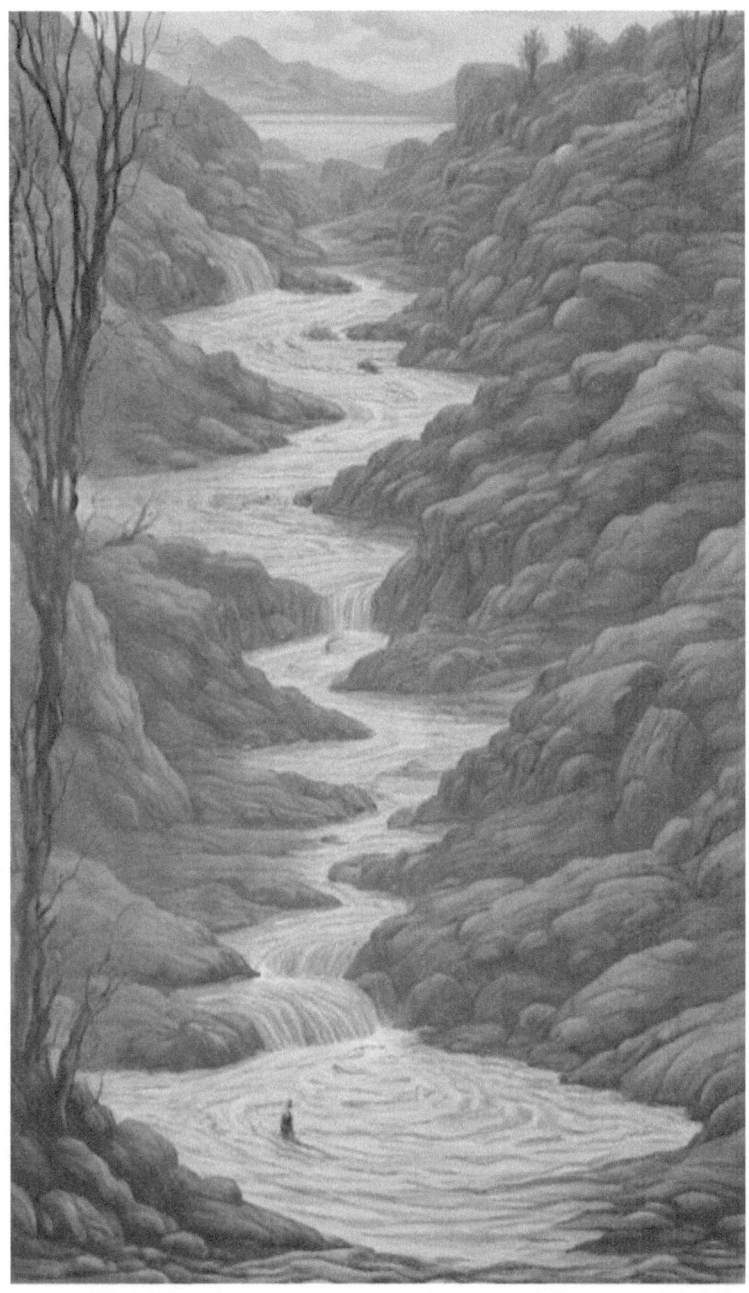

Soliloquio

En mi soliloquio entendí que, no soy moneda de oro, y aunque lo sea, no tendré el mismo valor para todo el mundo.

Que existen miles de variantes de mí en este universo en las mentes de cada uno de los que me conocen.

Que siempre habrá algo nuevo, que aprender, que no importa las veces que me vea en el piso, puedo levantarme y seguir.

Que no es difícil empezar desde cero porque nunca se empieza desde cero cuando ya hay experiencia.

Que seguirá habiendo adiós en mi vida, algunos por el momento y otros simplemente para siempre.

Que nada vale nada cuando confundimos costo con valor.

Y que siempre y cuando me tenga cuerdo poder seguir con mi soliloquio.

100 Poemas inspirados a lo largo de 10 años de una vida.

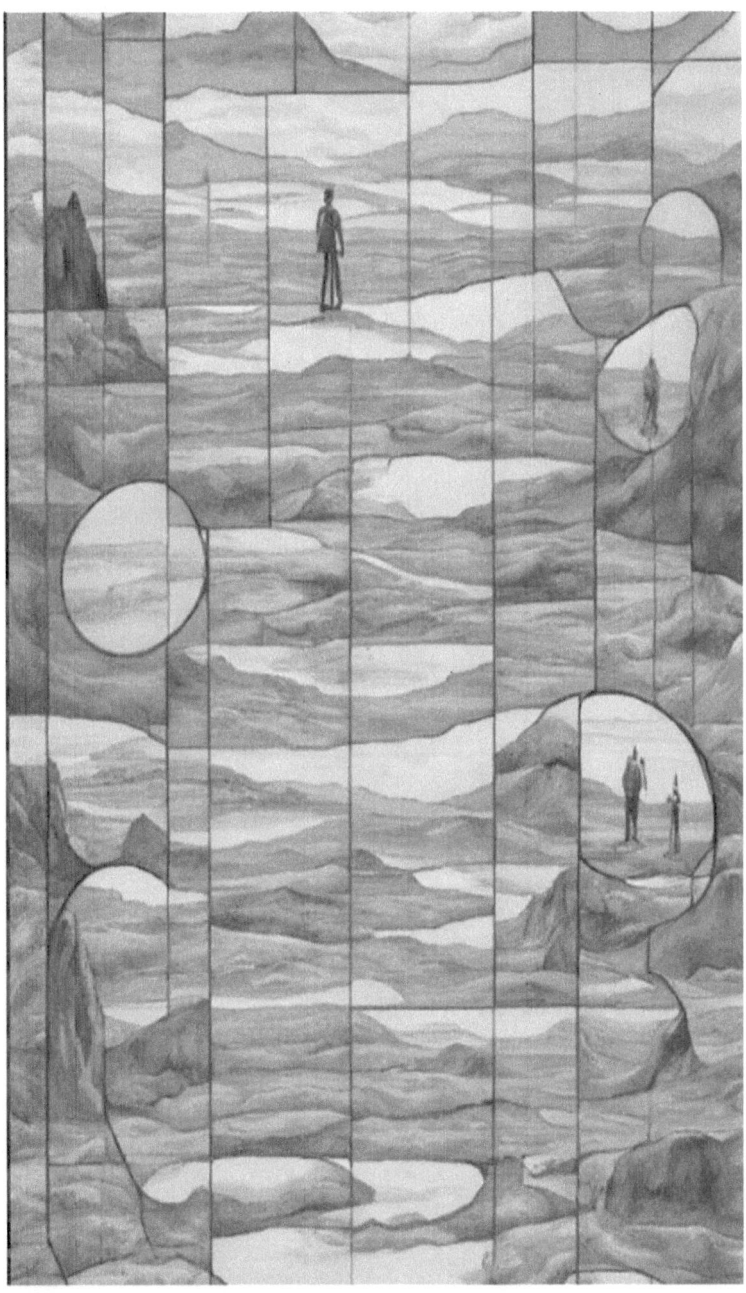

Un Numero Mas

Lo que comenzó como hobbies terminó como estadística, ¿cuándo se convirtió el disfrute en números?

En el momento que la pasión se volvió medida, cuando el valor se contó en likes y seguidores, olvidamos el arte por el arte mismo, y la alegría pura de crear sin testigos.

Los aplausos virtuales dictaron nuestro valor, y en la carrera por ser siempre más, perdimos el sentido de lo que amábamos, ahogados en un mar de cifras sin final.

Recuperemos los hobbies, la esencia del placer, desconectemos de la red que nos atrapa, volvamos a encontrar en cada trazo, cada nota, el infinito gozo que no necesita ser contado.

100 Poemas inspirados a lo largo de 10 años de una vida.

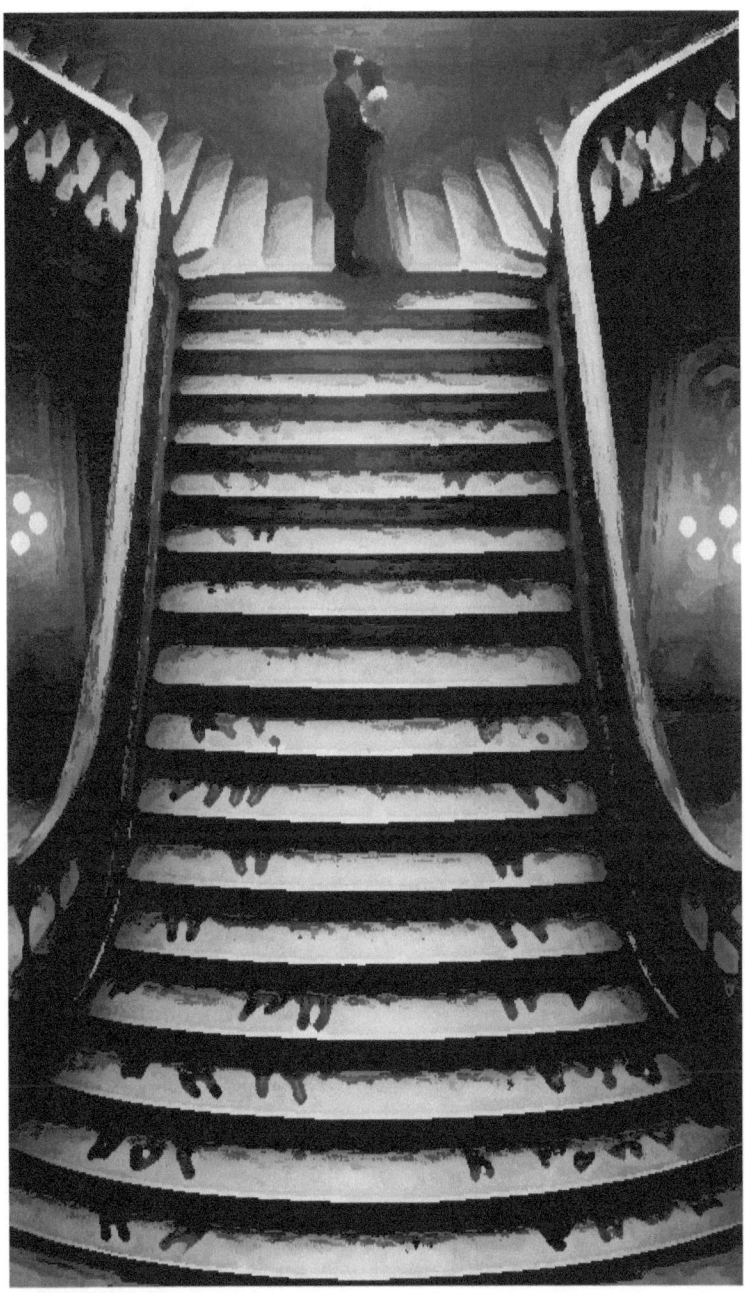

Charlas en la Escalera

Creería que eran solo para subir y también bajar, pero no es así.

Ya que esas escaleras fueron nuestro testigo fiel de todas nuestras charlas y besos, caricias y deseos que nos hacían sentir tan alto como la misma escalera.

Una escalera que era el ejemplo perfecto de donde estábamos, en lo más alto, a veces en el centro otras en el descanso, pero siempre en las escaleras.

Cada peldaño sintió nuestro peso, y cada uno nuestros abrazos, cada uno nuestros deseos y cada uno de nuestros te extraño.

Subir por ellas, era sentirte, y bajar tocarte, pero en algo podemos estar seguros y es que en aquellas escaleras están las almas de dos amantes que charlaban de su amor.

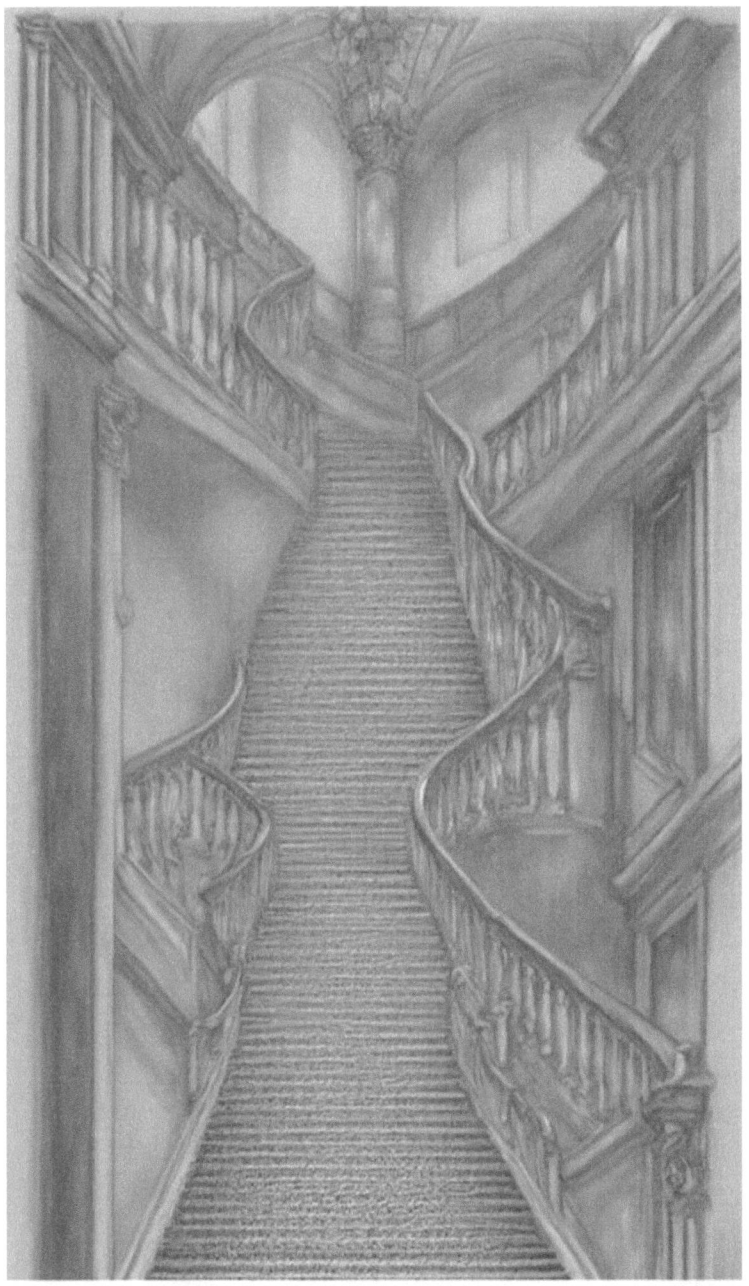

Una Aguja en un Pajal

En un vagón repleto de semblantes alargados y fatigados, un rostro emergió de entre la multitud. Su alegría era inconfundible, ansiosa por alcanzar su destino. Una felicidad genuina iluminaba sus rasgos. ¿Cuál sería su historia? Me pregunté mientras observaba cómo, en cada parada, su rostro se llenaba aún más de anhelo por llegar a su destino.

Quizás ella era una soñadora, con un corazón que latía al ritmo de las estaciones. Tal vez había dejado atrás un amor imposible, o quizás estaba en busca de uno nuevo. Sus ojos brillaban como estrellas en la noche, y su sonrisa era un faro de esperanza en medio de la rutina diaria.

¿Qué secretos guardaba en su bolso desgastado? ¿Qué sueños albergaba en su mente mientras el tren avanzaba por los rieles? Imaginé que sus pensamientos eran como las vías, entrelazándose en direcciones desconocidas.

Y así, en aquel vagón lleno de caras fatigadas, ella se convirtió en mi musa. Escribí versos sobre su valentía al enfrentar la monotonía, sobre su determinación al seguir adelante. Cada palabra era un tributo a su misterio, a la belleza efímera que había iluminado mi día.

Al llegar a mi parada, la vi bajar con paso decidido. Su figura se desvaneció entre la multitud, pero su recuerdo quedó grabado en mi corazón. Porque en ese vagón, entre rostros anónimos, ella fue la chispa que encendió mi inspiración.

100 Poemas inspirados a lo largo de 10 años de una vida.

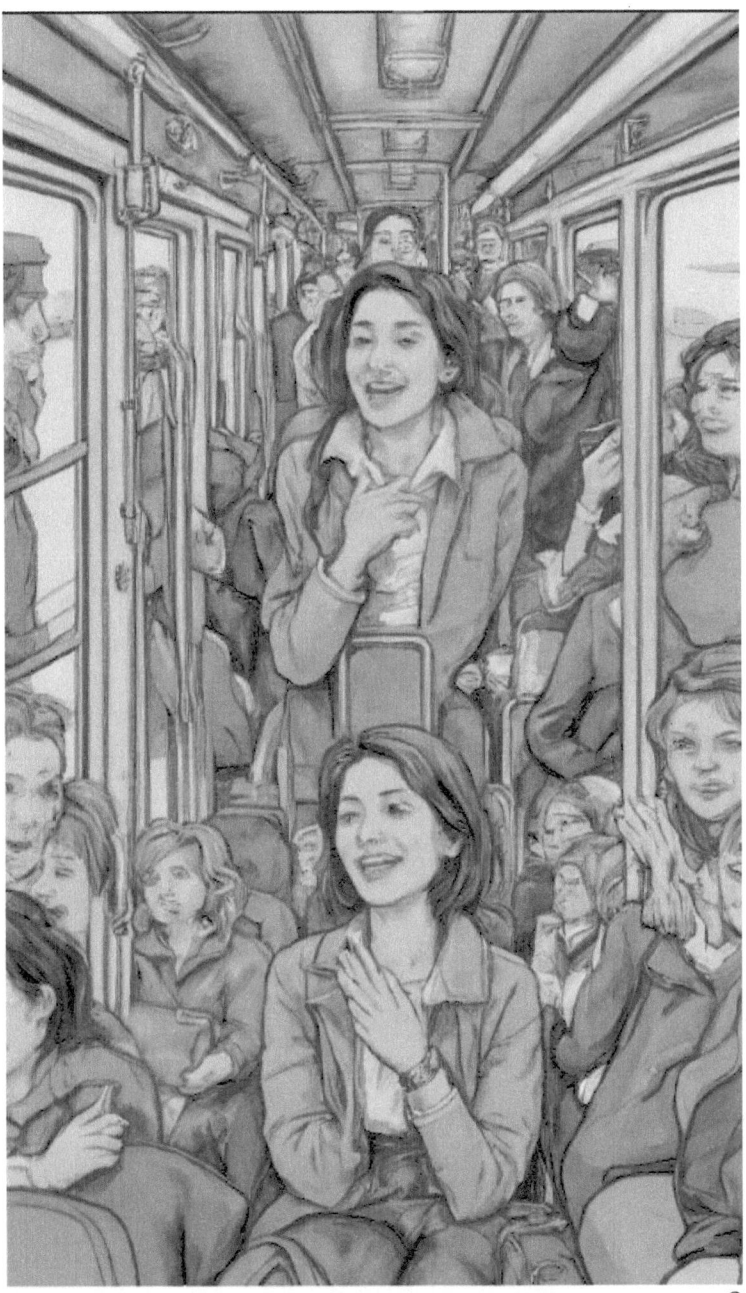

El Cometa

No creo que haya nadie ni habrá persona en la tierra con la que pueda tener una conexión tan genuina como la nuestra. No llegamos a ser uno consigo mismo, pero nos tratamos como iguales.

Como un cometa que aparece para asombrar a aquellos que prestan suficiente atención, se juntaron nuestros caminos. Un breve instante que nos pareció poco, pero se sintió mucho.

Ese instante, ese abrir y cerrar de ojos en el que ambos coincidimos en que fue especial, pero que como un cometa desapareció rápidamente, dejándonos con más preguntas que respuestas. Pero con la certeza de haber sido la mejor experiencia vivida entre dos, y como daño colateral, ver que la vida no nos apremiará con la compañía eterna del uno en el otro.

¿Dónde estarás? ¿Cómo estarás? ¿Me pensarás? Son aquellas preguntas que quizás nunca tendrán una respuesta, pues el cometa ya pasó y sin lograr haberle pedido mi deseo.

Pero a ti, precioso y especial cometa, donde quiera que estés, te deseo que seas feliz.

100 Poemas inspirados a lo largo de 10 años de una vida.

100 Poemas inspirados a lo largo de 10 años de una vida.

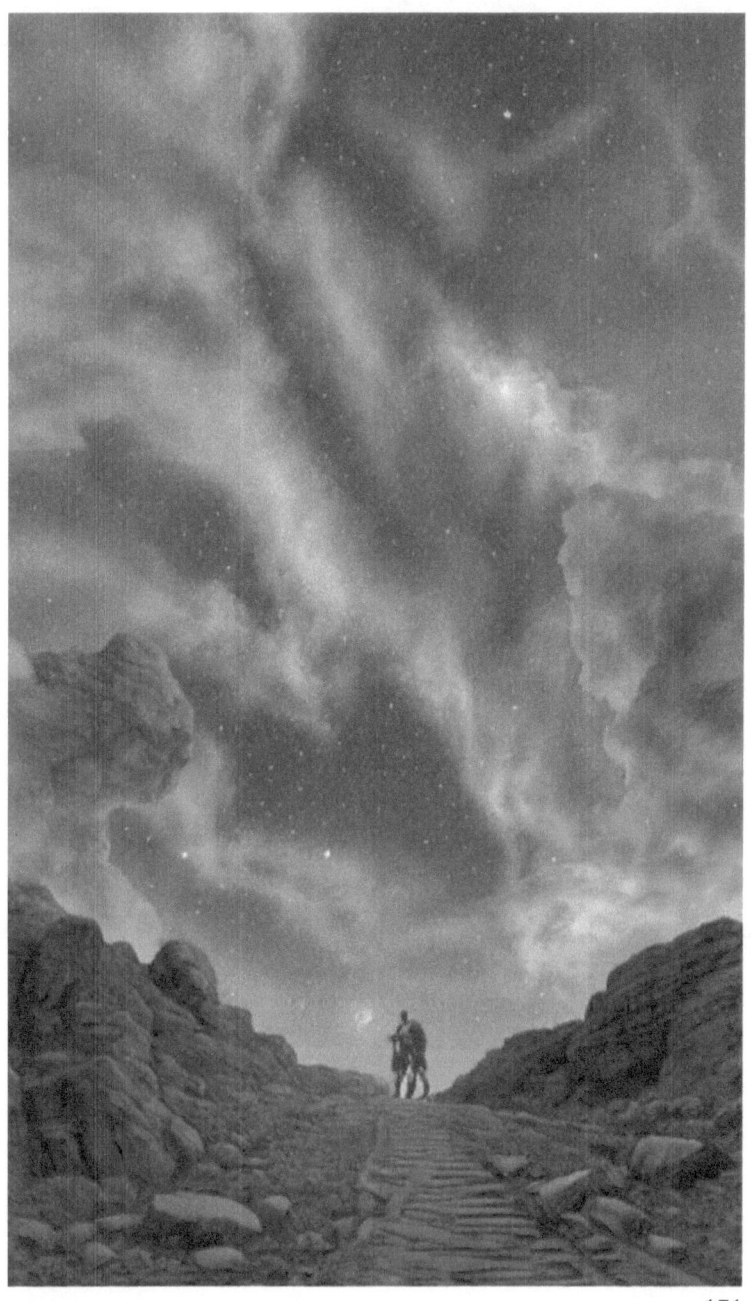

El Encuentro

Me encontré con la sabiduría y le pregunté, ¿Acaso se puede caer más bajo?

A lo que me respondió, te sorprendería saberlo, me invito a un viaje por vidas pasadas y me mostró como un hombre que lo tenía todo termino con su vida cuando su fortuna se desplomó, me dijo ¿sabes porque los demás millonarios no han hecho lo mismo?:

Respondiendo me dijo: porque siguen siendo millonarios.

Me tomo de la mano y me llevo hacia dos personas en camillas ambas con menos de una hora de vida, una de ellas rodeada por su familia y otra completamente sola.

Me dijo: ambos tendrán el mismo fin, la diferencia es que uno de los dos se arrepintió de sus errores, ¿puedes decirme cuál? Me pregunto, muy fácil, le respondí, el que esta con su familia.

A lo que me dijo con una sonrisa: ¡No!

100 Poemas inspirados a lo largo de 10 años de una vida.

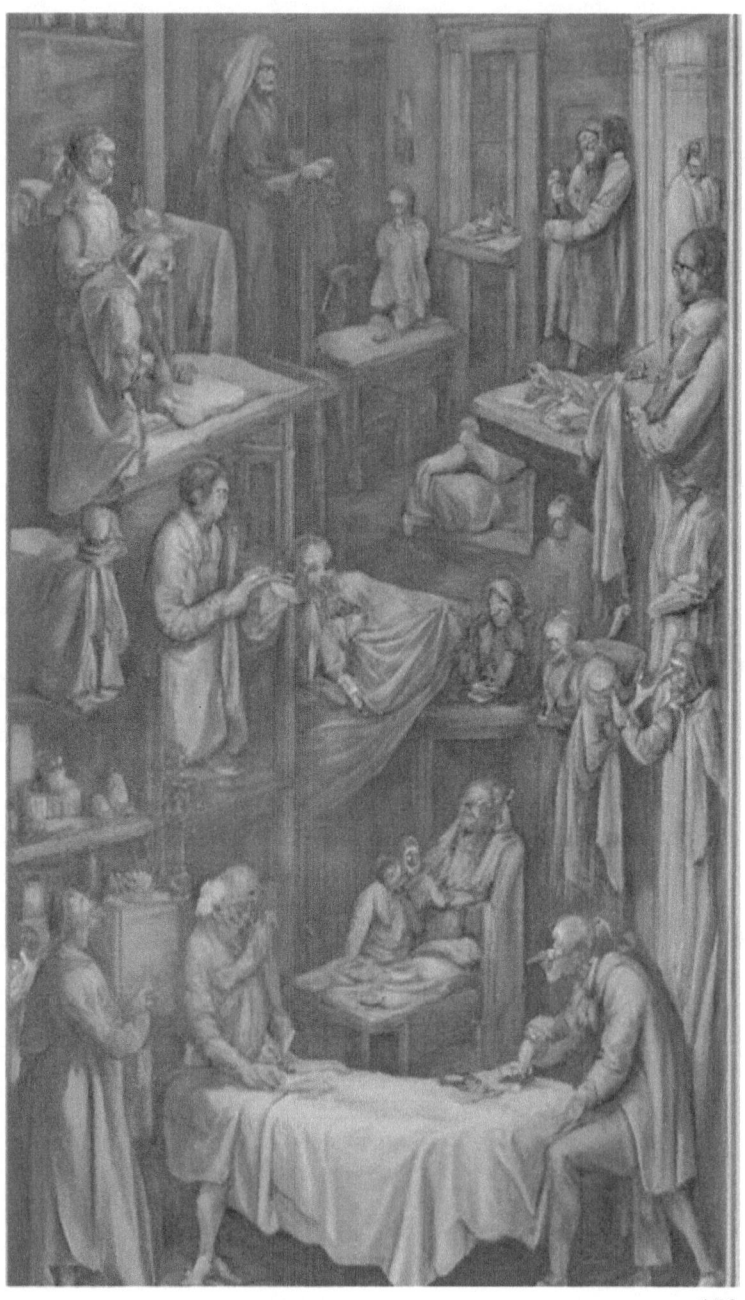

Mientras Tanto

El amor puede ser una decepción para el que no lo encuentra, una frustración para quien no lo entiende, una pérdida de tiempo para el que no lo busca y hasta confuso y doloroso para quien no lo consigue.

Pero aquellos afortunados que lo han encontrado ellos, y solamente ellos saben lo que es tocar el cielo con las manos.

100 Poemas inspirados a lo largo de 10 años de una vida.

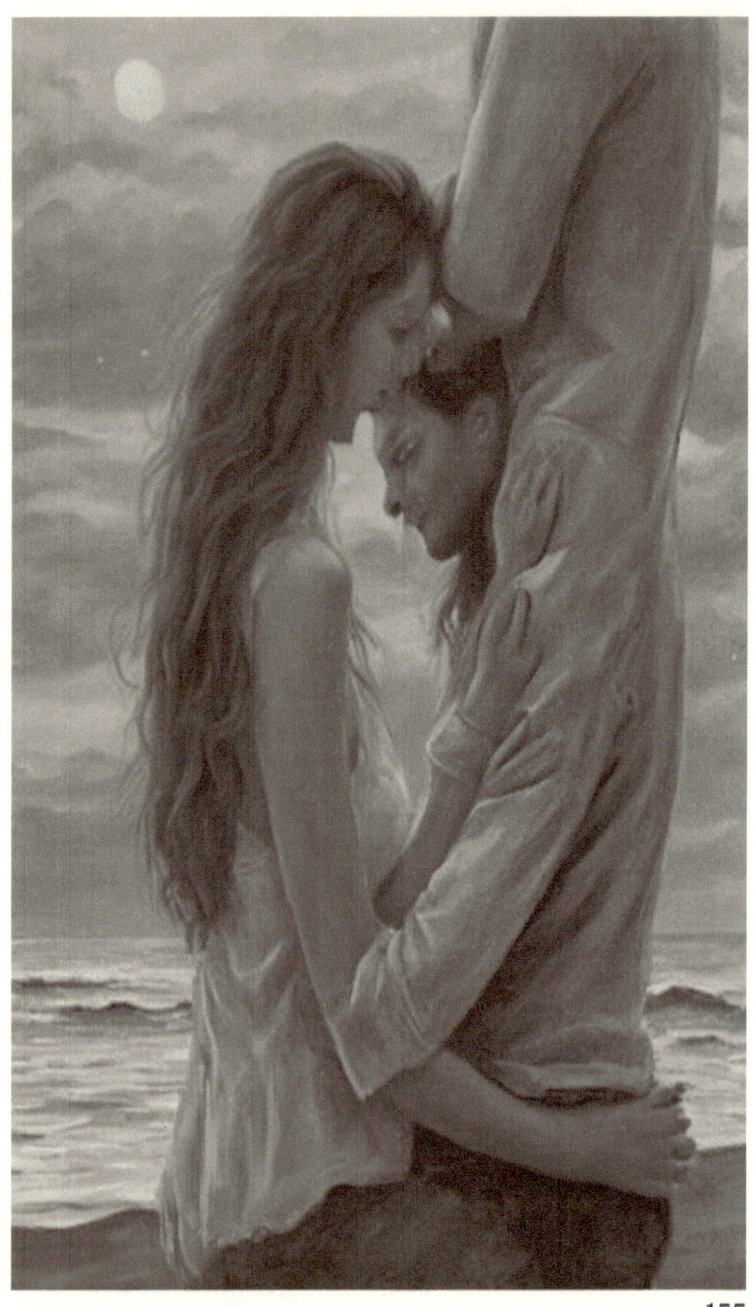

Tu Prenda

No te negaré que quisiera ser esa blusa, la que te acompaña cada día, con esa fragancia hechizante que solo me da el gusto de oler cuando pasas por mi lado.

Quisiera ser tus jeans ajustados, abrazando tus piernas con cada paso, sintiendo el calor de tu piel, y el ritmo de tu andar.

Ser tus zapatos, que recorren contigo cada camino, soportando tus sueños y tus pesares, siempre a tu lado, sin importar la distancia.

Quisiera ser tu vestido favorito, el que eliges en días especiales, envolviendo tu cuerpo en un abrazo suave, y compartiendo tus momentos más felices.

100 Poemas inspirados a lo largo de 10 años de una vida.

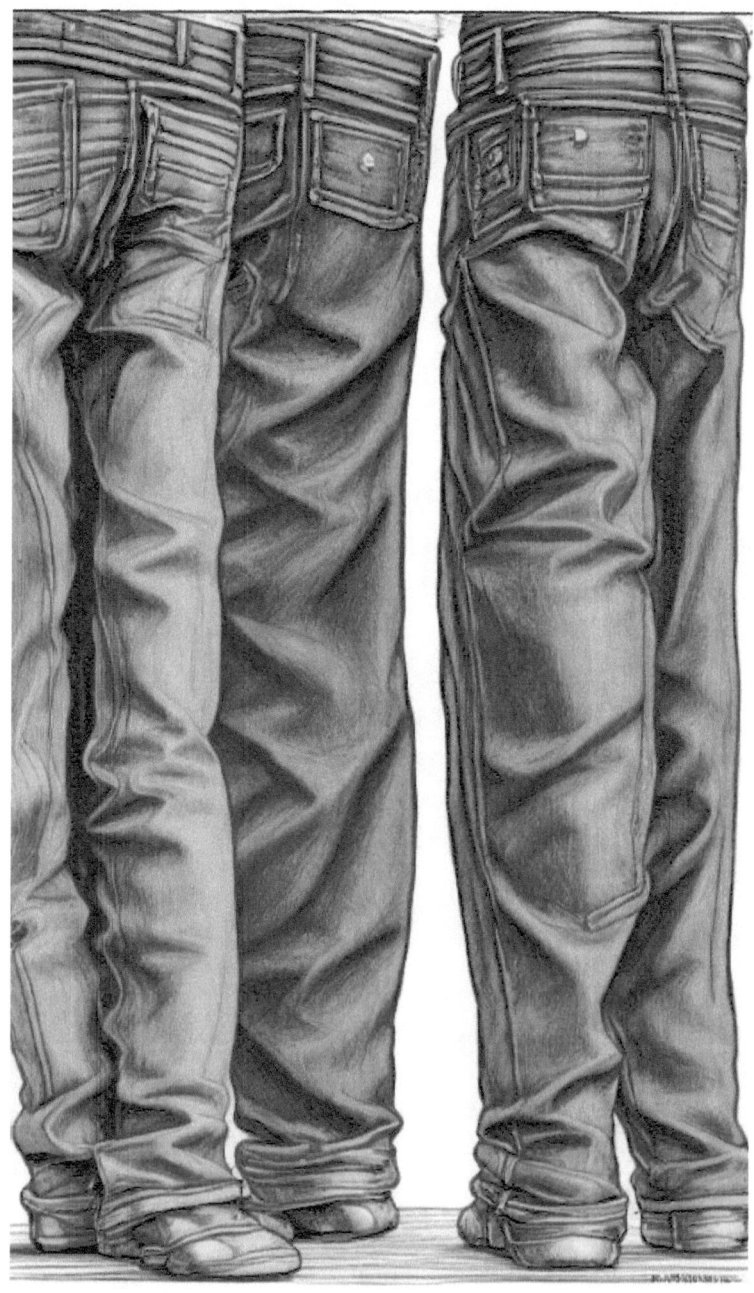

La Cascada

Bajo la luna, en un rincón secreto, nos encontramos, tú y yo, en un abrazo perfecto. Tomaste mi mano, guiándome con ternura, y juntos exploramos la pasión y la locura.

La habitación nos envolvió, un santuario íntimo, donde las caricias se desplegaron como un himno. Despojándonos de la piel que nos aprisionaba, descubrimos un mapa de deseos, una senda dorada.

Cada territorio marcado con besos y suspiros, cada rincón explorado, cada gemido. Hasta llegar al manantial de vida, sagrado y profundo, donde bebimos del agua divina, sin temor alguno.

Los dioses observaban, cantando desde lo alto, mientras tú apretabas cada hebra de mi pensamiento. Me aferré a ti, sumergiéndome en la corriente, luchando por no ahogarme, por no perderme en el viento.

La cascada nos recibió con su abrazo cálido, sus aguas celestiales, un regalo compartido. Mis ojos se maravillaron ante tanta belleza, y supe que, en ese instante, éramos eternidad y promesa.

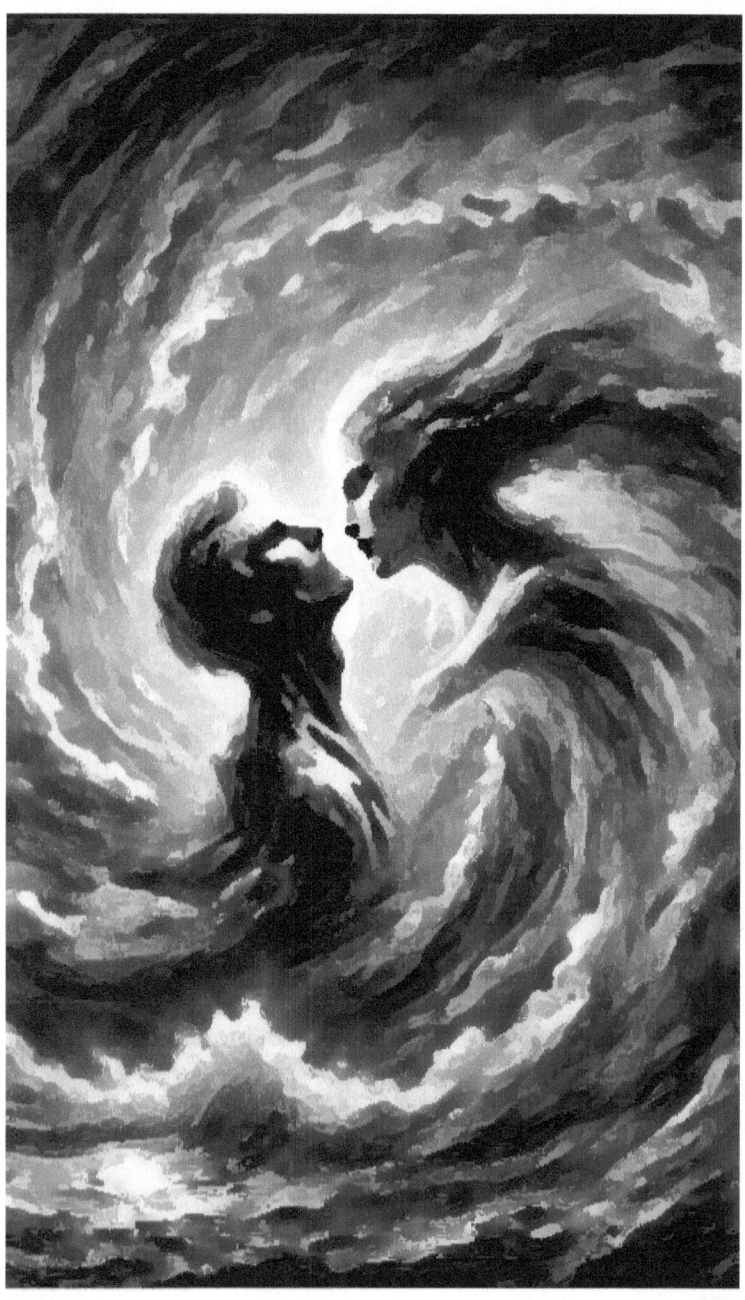

Anoche Soñé Contigo

Qué lindo fue verte de nuevo, y tener nuevamente nuestra conversación, ver tu cara nuevamente me lleno de tanta felicidad que no podía aguantar el pecho de la emoción.

El hecho de tenerte en frente dibujaba una sonrisa en mi rostro involuntaria, ese brillo en tu mirada tan distintiva como siempre.

Reímos como nunca, compartimos como nadie, y la velada fue maravillosa.

Sin nadie que nos moleste, sin nadie que nos interrumpiera, la noche fue cayendo sobre nosotros junto a una brillante luna.

No nos cansamos de bailar al ritmo del sonido de mi alarma.

Espera... ¿mi alarma?

Anoche soñé contigo.

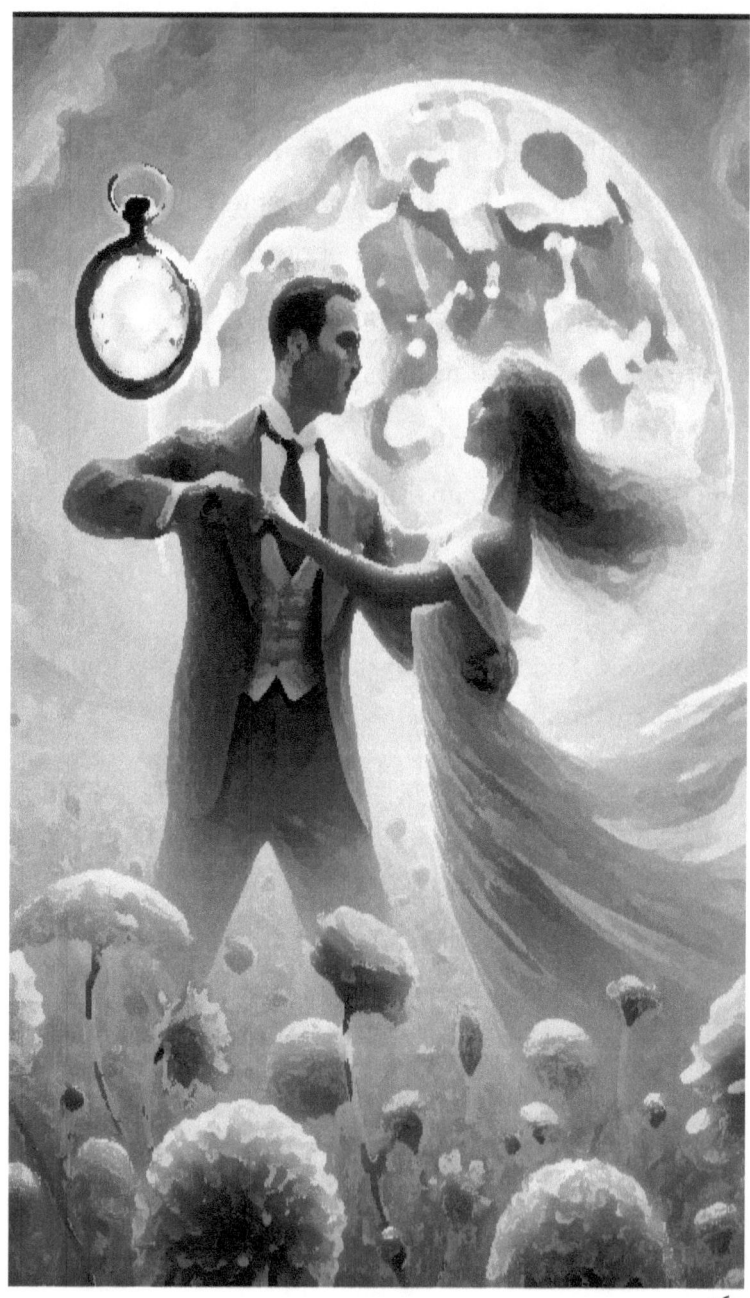

Desconfianza

Perdón si ya no creo en ti, pues me has engañado muchas veces.

Ya no te creo más, mi corazón se ha roto, las promesas vacías, dejaron un hueco inmenso.

Las lágrimas caen, como lluvia en invierno, y en la soledad, mi alma encuentra su infierno.

100 Poemas inspirados a lo largo de 10 años de una vida.

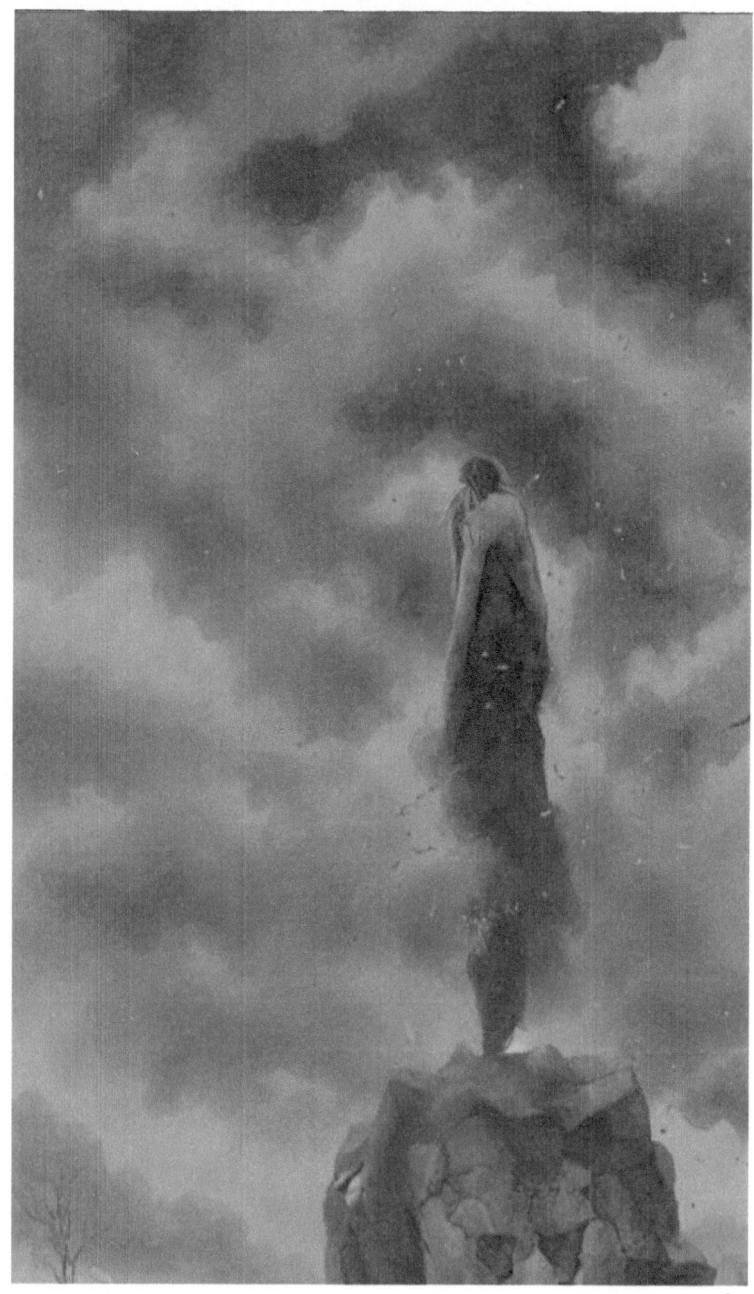

Las Caras del Amor

¿Cuantas caras puede tener el amor?

Y me pregunto con qué cara volverá a mí, yo lo he dado con la única cara que tengo, pero ha regresado a mí de varias maneras.

Caras que no esperaba, caras que no conocía, caras que extrañaba, pero el camino es largo y aprendí que mañana puede llegar con una nueva cara.

Una cara quizás no conocida, pero a la que con el tiempo me acostumbrare. Nunca se empieza desde cero, es el mismo amor con una nueva cara.

100 Poemas inspirados a lo largo de 10 años de una vida.

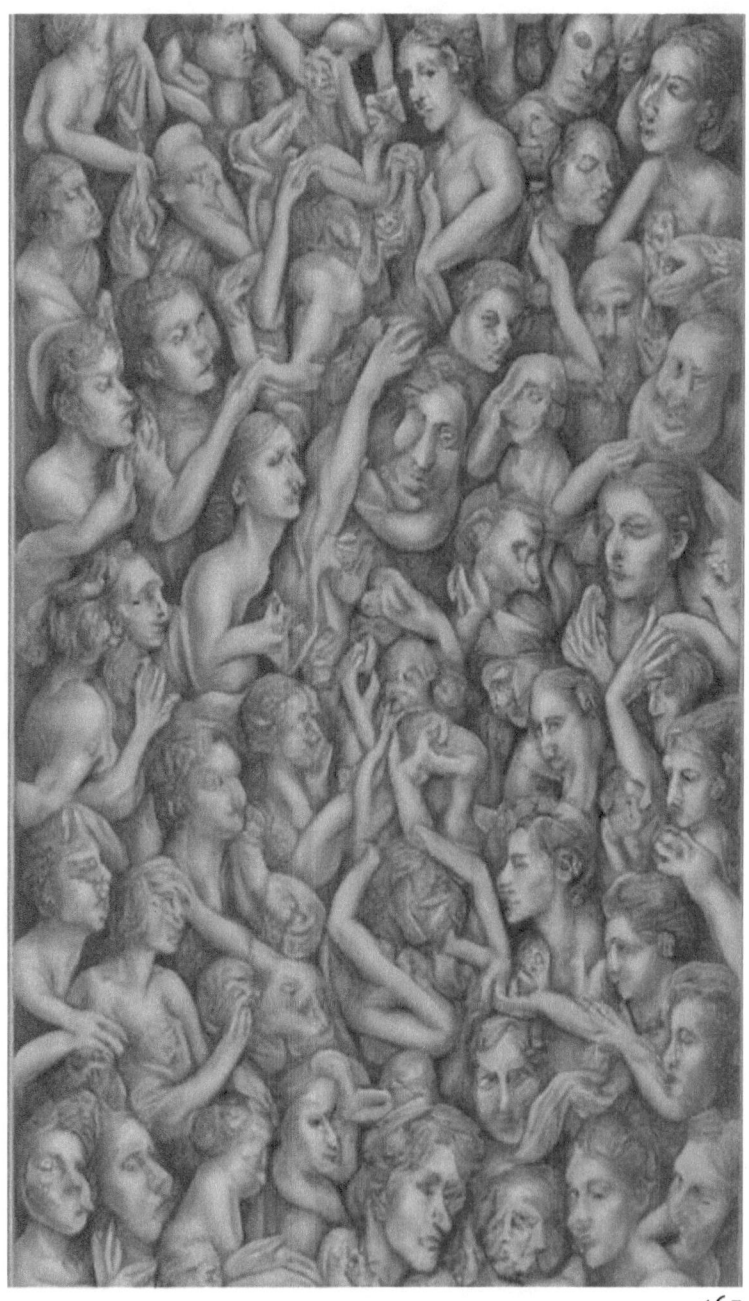

Eliminada

Te elimine, por completo y con mis razones, te elimine para siempre, sin ataduras sin remordimientos, te elimine sin sentimiento alguno, para que ya no quedara ningún rastro de ti.

Tu fecha, tu voz, tu cara, tus caricias, tu silencio, tu compañía, elimine todo de ti, sin pensarlo más de una vez, te elimine, como si nunca hubieses existido, ni te hubiese conocido, en dos extraños nos competimos.

Hasta que volví a ver la foto donde estabas conmigo.

100 Poemas inspirados a lo largo de 10 años de una vida.

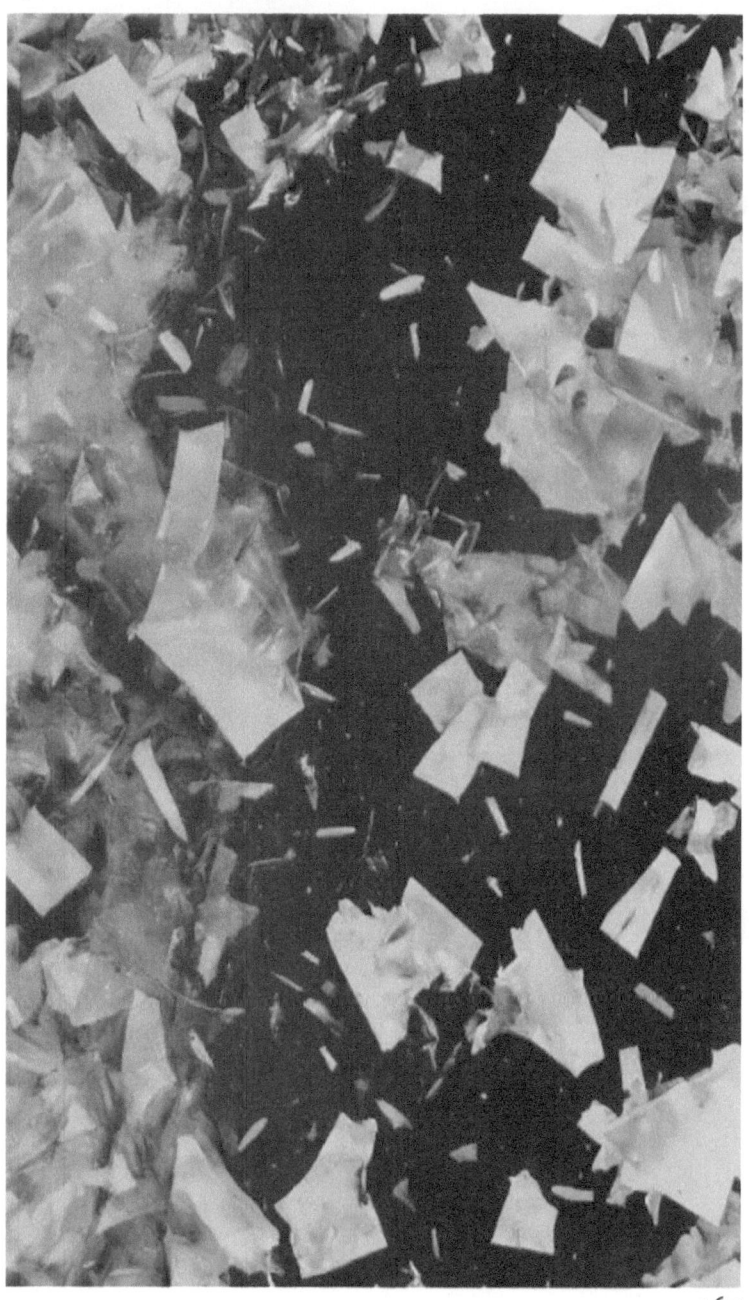

100 Poemas inspirados a lo largo de 10 años de una vida.

Una Década

Una década escribiendo, una de cada circunstancia, una década sufriendo, en una de cada almohada.

Una década más de vida, viendo una de cada muerte, una década amando y uno de cada momento deseando volver a verte.

Una década con motivos que uno de cada momento perdí, una década decidiendo en escribirte o si paso de ti.

Una de cada oración, escrita por mi mano, es una década de recuerdo vividos con orgullo y sin reclamos.

Una década más espero yo cumplir, con uno de cada momento con el mismo sabor a ti.

100 Poemas inspirados a lo largo de 10 años de una vida.

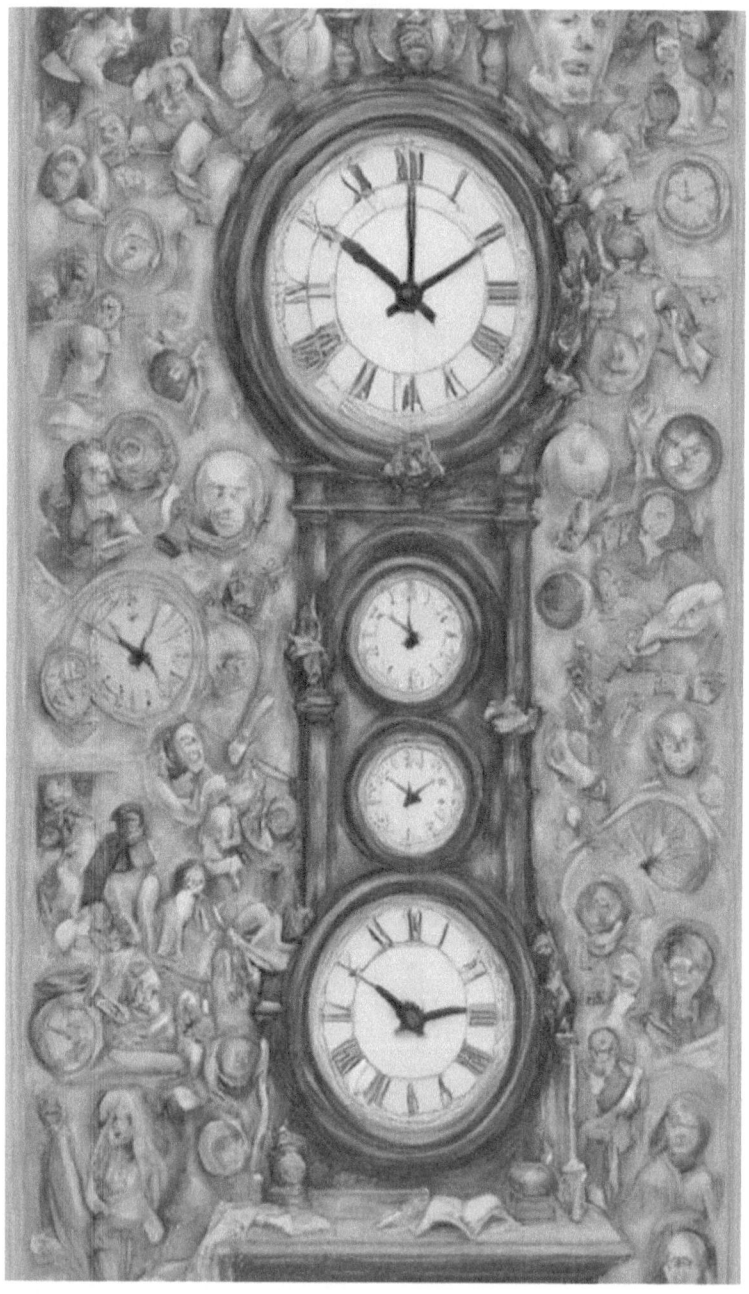

No Pude Contigo

En la encrucijada de la existencia, ¿qué resuelve morir por mano propia? No es solo un adiós, sino un compendio de problemas para aquellos que nos rodean.

La muerte auto infligida, un abismo, un grito silente al mundo: "No pude contigo". Es rendirse, faltando poco para la meta, ponerle precio a algo que tiene valor.

Quedarnos en el descanso del escalón, sin anhelo de subir más peldaños, es negar la sed de vivir, de explorar, de abrazar la vida en su plenitud.

¿Qué hace especial la vida, entonces? No solo los momentos vividos, sino las personas que amamos, las experiencias compartidas y llevadas.

Apreciar la vida va más allá del propósito, es encontrar significado en cada latido, en cada risa, en cada lágrima, en el tejido de conexiones que creamos.

Así, en la fragilidad de nuestra existencia, encontramos la belleza de ser humanos, y en ese abrazo a lo efímero, descubrimos la eternidad en el presente.

100 Poemas inspirados a lo largo de 10 años de una vida.

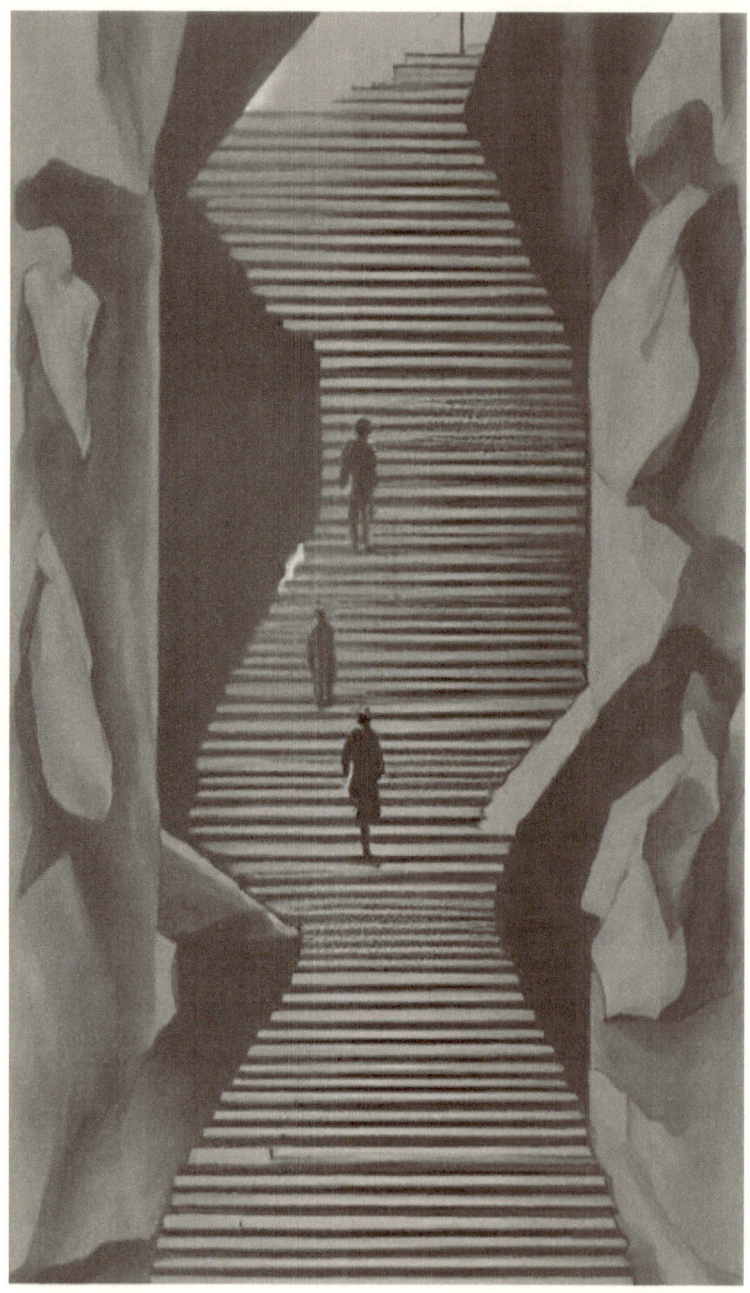

Mi Amiga

En la rutina diaria, me encontraba perdido, cansado de ver lo mismo, cada día repetido. Mi amiga, con sabiduría, me hizo reflexionar, que cada día es único, un nuevo despertar.

Del lunes al domingo, los días van pasando, cada uno diferente, en su ritmo avanzando. Los meses también cambian, de enero a diciembre, cada uno con su esencia, que el corazón remembre.

Con una sonrisa, me miró y me dijo, que cada encuentro diario es un nuevo acertijo. Las personas que veo, no son las mismas de ayer, cada una trae algo nuevo, algo por aprender.

Así, me sacó del error en que vivía, no era la vida monótona, sino mi perspectiva fría. Agradecido ahora, veo la vida con nuevos ojos, cada día una aventura, sin más enojos.

100 Poemas inspirados a lo largo de 10 años de una vida.

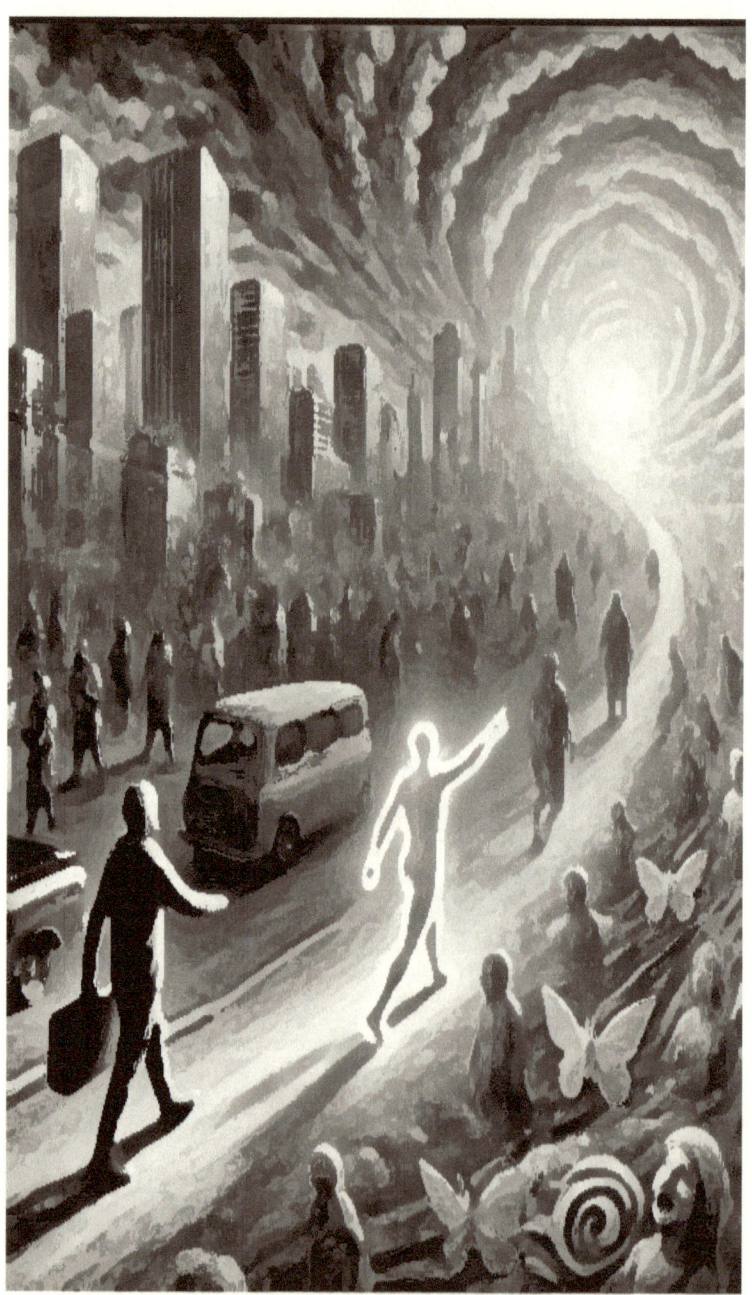

Motivo o Acción

¿Qué es un motivo sin una acción?

Solo el pensamiento o sentimiento acerca de algo, o de alguien, no es más que la acción sacada desde lo más profundo sin haberle dado la oportunidad de echar raíces.

Es tan solo un pensamiento latente, no fugaz, que arde en el corazón, con razones aparentemente buenas, o lamentablemente malas, no sé.

Pero va más allá de una idea y pesa en la conciencia más que cargar al mundo. Algo que nunca es llevado a cabo, pensado y planeado pero frustrado.

Entonces, ¿qué pesa más, el motivo o la acción? ¿Y de ser el motivo, por qué nos afecta más la acción en sí misma que el motivo por el cual se llevó a cabo?

100 Poemas inspirados a lo largo de 10 años de una vida.

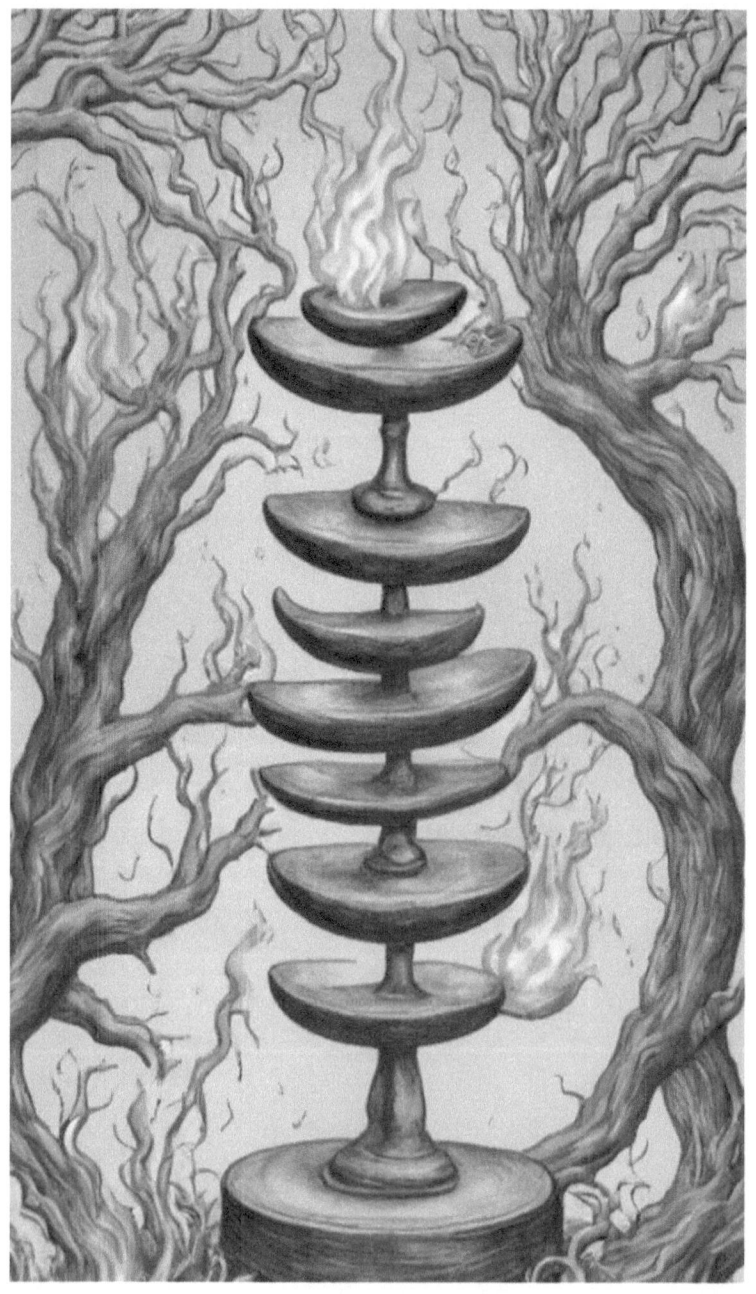

Me Contaron de Ti

Me contaron de ti, de lo bien que estás, de que te ha ido de maravilla, que te casaste con un gran amor, que tu vida profesional es un lujo y que nada te falta.

Me alegra saber que la vida te sonríe, que has encontrado paz, amor y alegría. Que cada día para ti es una melodía, y que, en tu camino, la suerte te guía.

Que tus sueños se han hecho realidad, que has construido un mundo ideal, donde cada momento es especial, y cada recuerdo, un tesoro sin igual.

Que sigas así, lleno de felicidad, que la vida te siga tratando de maravilla, y que siempre, en tu corazón haya cabida, para más amor, más sueños y más vida.

100 Poemas inspirados a lo largo de 10 años de una vida.

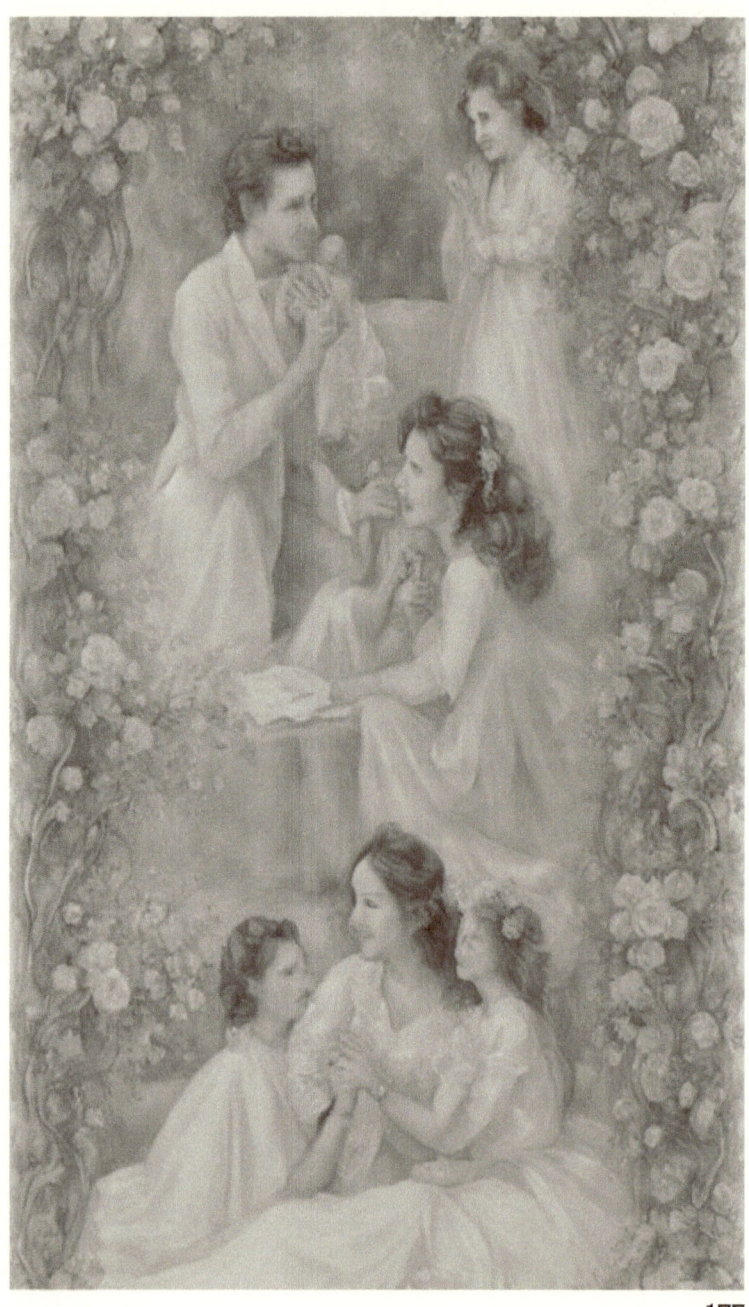

Renuncie

Renuncié a ti, sin pedirte permiso y sin avisar, renuncié porque me di cuenta de tu apatía hacia mí, por todas las veces que te me negaste y solo me disté migajas.

Renuncié a la ilusión de tenerte cerca, a la esperanza vana que en mi pecho moría, por cada palabra que no dijiste, y cada gesto que no llegaba.

Ahora camino solo, con el alma en calma, libre de cadenas, libre de tu fantasma, renuncié a ti, porque al fin entendí, que más vale un adiós sincero, que un amor que nunca fue para mí.

Renuncie a ti, mi querida felicidad.

100 Poemas inspirados a lo largo de 10 años de una vida.

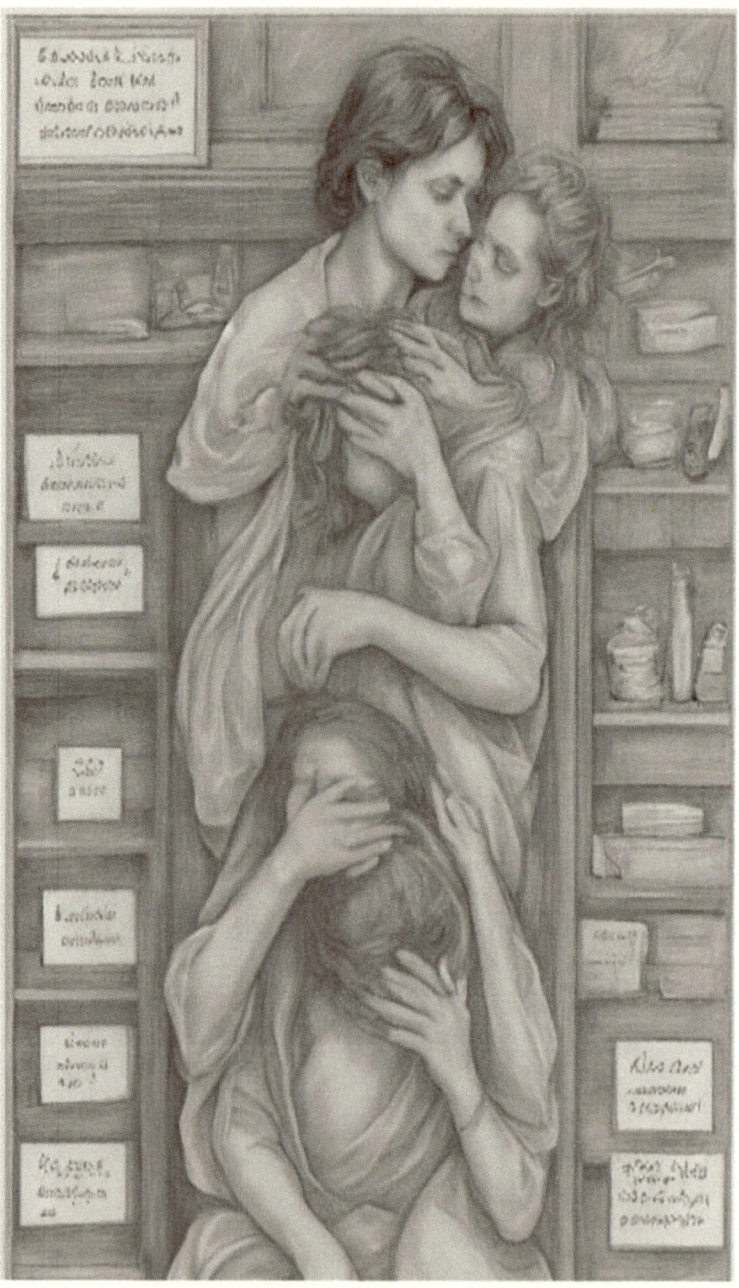

Expectativas

Perdón por ponerte el peso tan insoportable de mis expectativas sobre ti. Perdón por construir la mejor versión de la cual nunca fuiste.

Perdón por no ver la realidad de tu ser, por ignorar tu esencia y verdad, por soñar con un reflejo que no existía, más que en los espejismos de mi mente.

Ahora entiendo que cada quien es un universo, único, complejo y sin duplicados, te libero de las cadenas de mi fantasía, y me abrazo a la belleza de tu imperfección.

Aprendí a amarte tal como eres, sin máscaras, sin roles, sin guiones preestablecidos, y en esa aceptación encontré la paz, la verdadera conexión, más allá de cualquier expectativa.

100 Poemas inspirados a lo largo de 10 años de una vida.

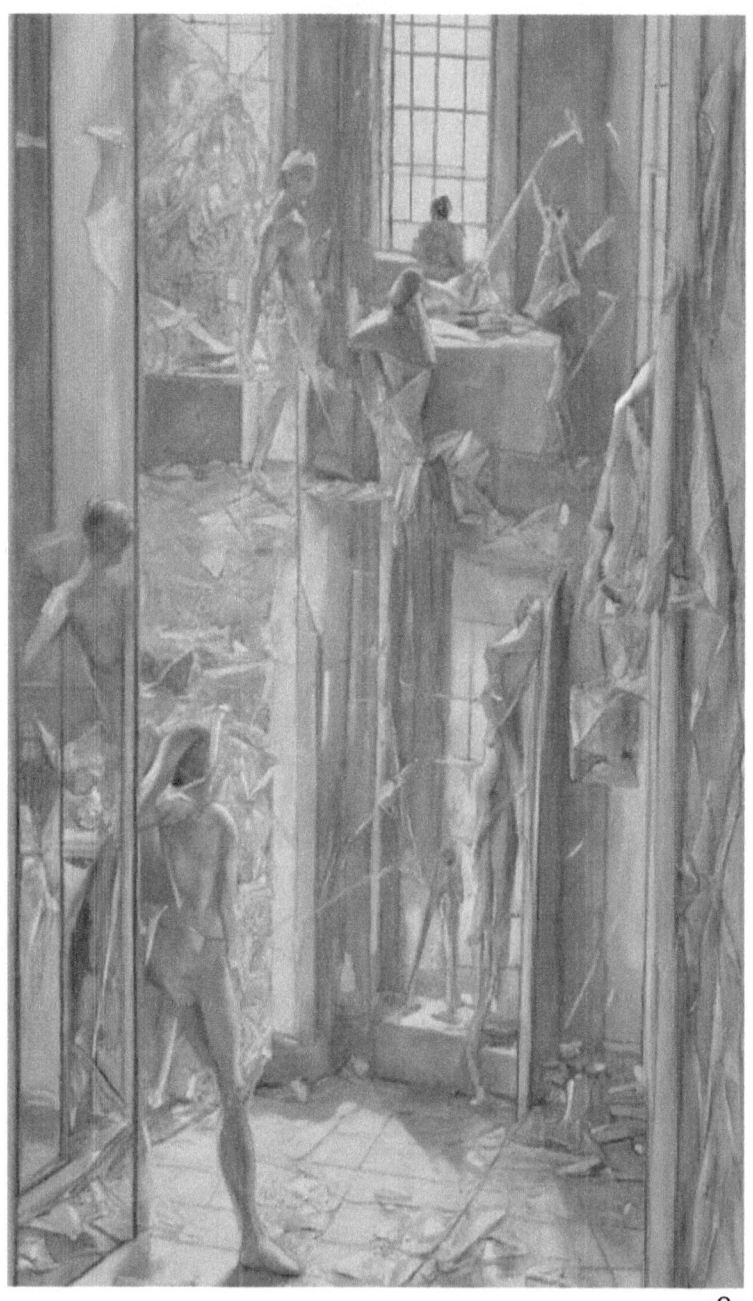

Nueve Vidas

Me dijo que era el amor de su vida, pues mil cosas compartimos, desde el color favorito, hasta la misma comida.

Teníamos tanto en común que a veces no me creía que una persona como esta yo había conocido.

Entre virtudes y defectos no se sabe quién ganaba pues si a disputa íbamos en empate quedaría.

Me dijo que era el amor de su vida en su universo vasto, lo que nunca pensaría es que tenía más vida que un gato.

100 Poemas inspirados a lo largo de 10 años de una vida.

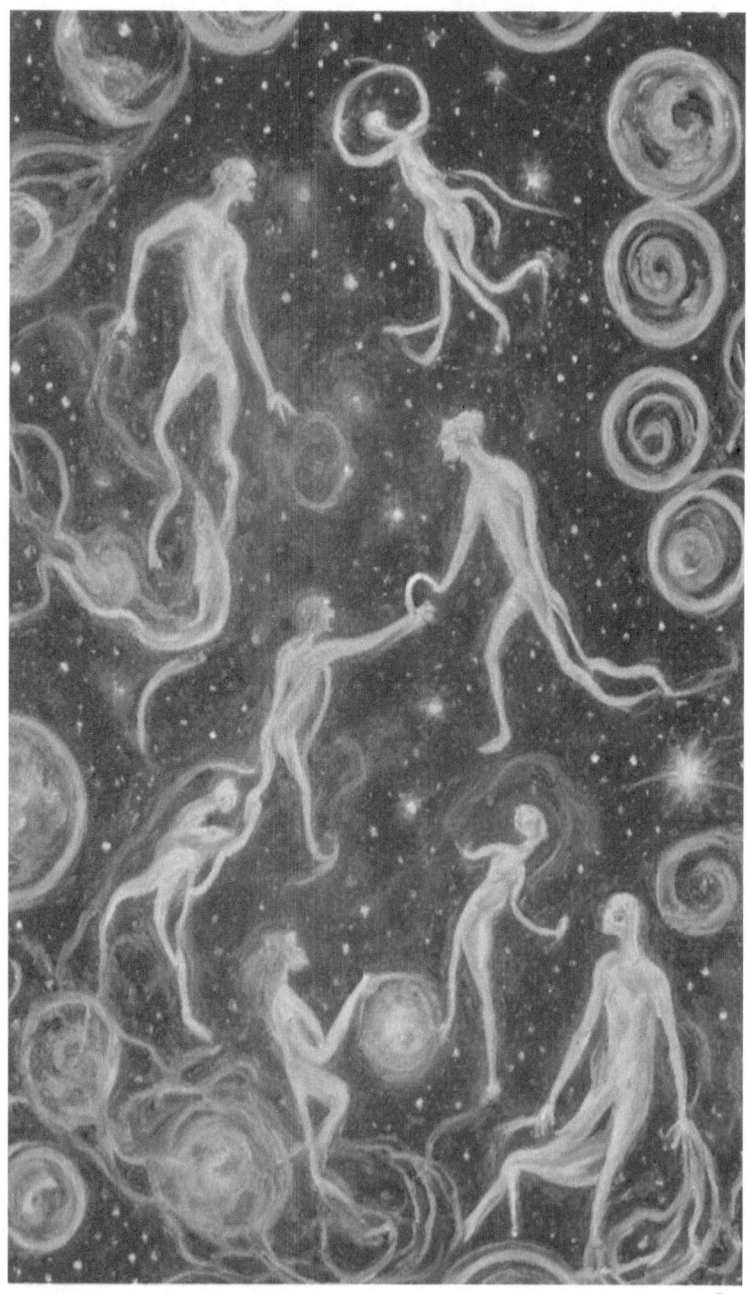

Te Casaste

Supe que el amor de mi vida se casó, y las campanas tañeron en mi pecho. No fue un adiós, sino un silencio, un suspiro que se perdió en la bruma.

Las promesas quebradas flotan como hojas secas, y yo, errante en la noche sin farolas, me pregunto si alguna vez fui su estrella, o solo un fugaz destello en su memoria.

¿Quién fue el sacerdote de sus sueños? ¿Qué votos pronunció en el altar de los recuerdos? Tal vez el amor no es un destino, sino un camino de espinas y desvelos.

Así, bajo un cielo de lágrimas, donde las nubes tejieron velos grises, me quedo con el susurro de su risa, y el amor que al parecer nunca fue mío.

100 Poemas inspirados a lo largo de 10 años de una vida.

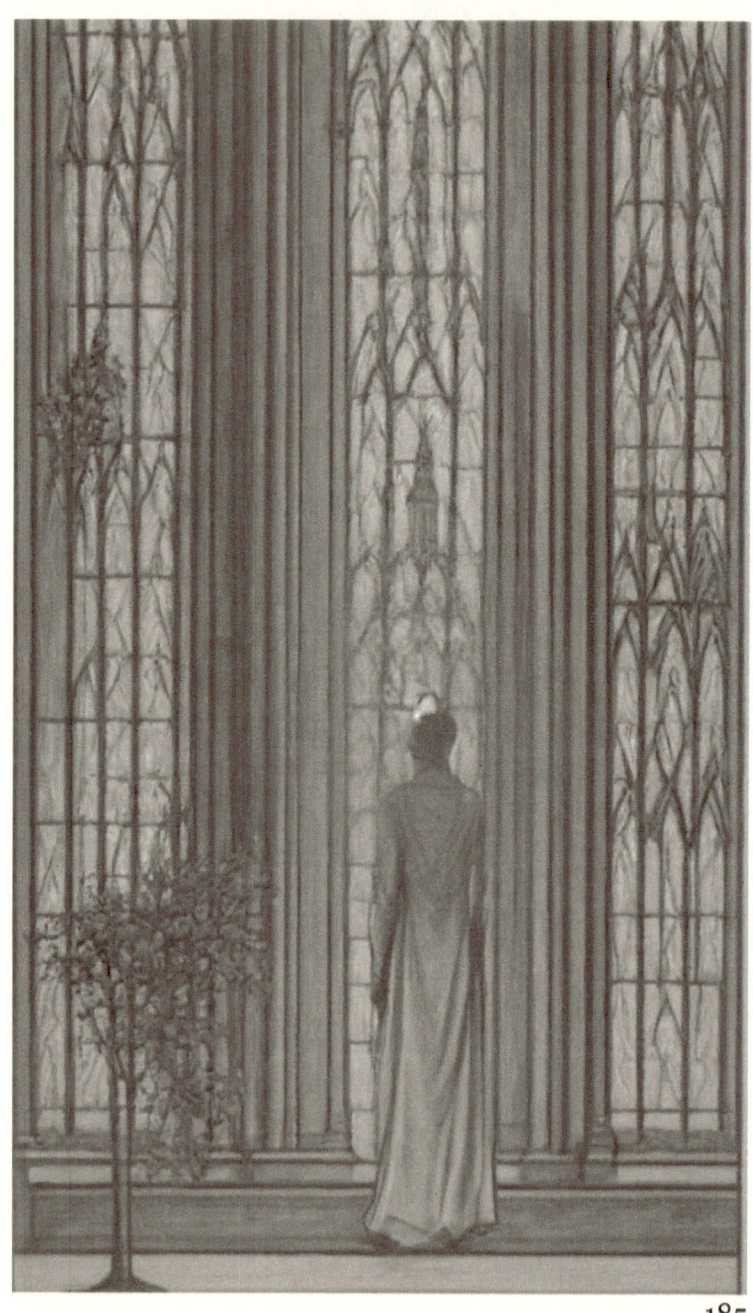

El Perdedor

Todo comenzó como un juego, el que se enamora pierde nos dijimos, pero que sabía yo de que el destino me tendría una mala jugada.

Pero en vez de perder, solo gane en primer lugar y tú en segundo, ya que también te enamoraste. Que derrota tan placentera la nuestra, al rendirnos hasta fundir nuestros cielos en uno.

Hasta que de nuevo todo lo nuestro volvió a ser dos, haciendo una nueva apuesta esta vez estableciendo que el primero en hablarle al otro sería el perdedor.

Y quién diría que en esta apuesta si durarían tanto. Supongo que te ganó el orgullo. Y digo te gano, porque esta es la 2da apuesta que pierdo contigo.

100 Poemas inspirados a lo largo de 10 años de una vida.

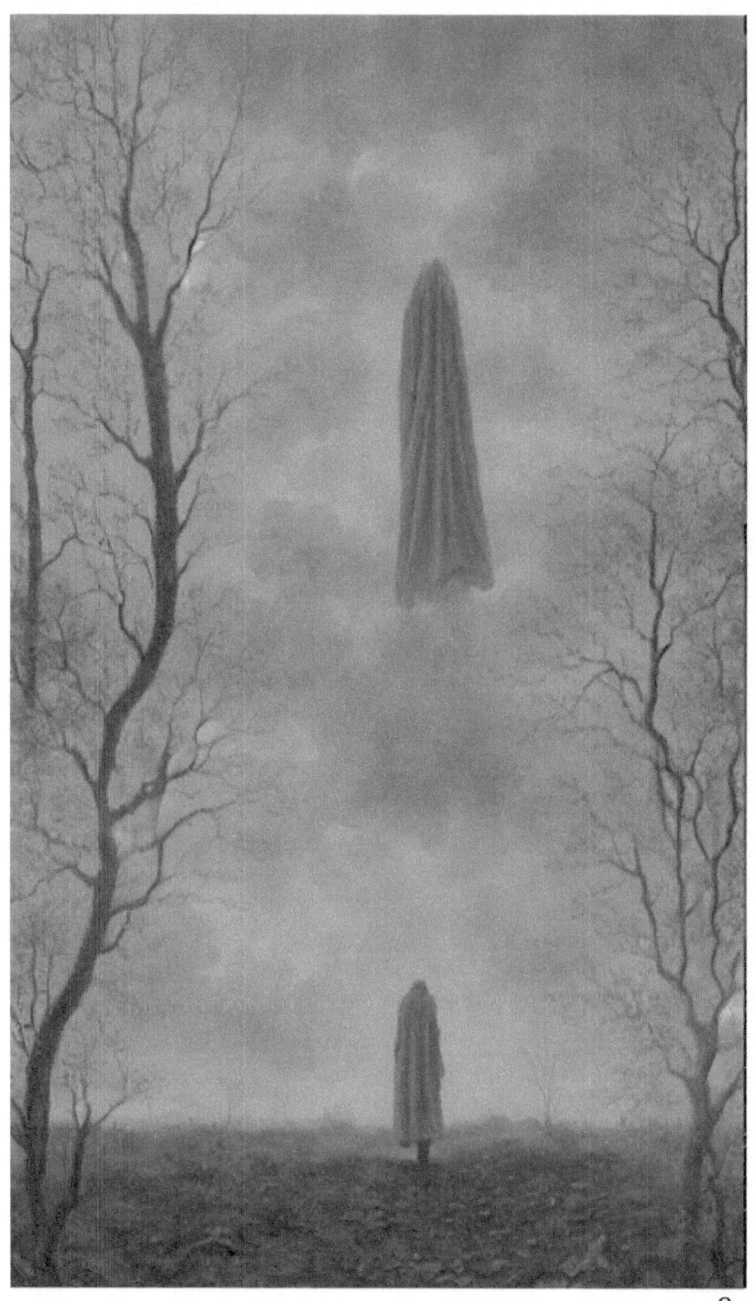

Aroma a Café

Cada tarde, en el rincón de nuestro refugio, se deslizaban besos con aroma a café, una danza de labios y susurros, un ritual que el tiempo no pudo desvanecer.

El aroma a café impregnaba el aire, como un hechizo que nos envolvía, y en cada sorbo, en cada beso, nuestra historia se tejía.

Se volvió una necesidad, como el latido constante del corazón, un anhelo que persiste, más allá de la razón.

Hoy, aunque los días pasen y cambien, el recuerdo de esos besos perdura, un lazo invisible, un suspiro eterno, que, en el aroma a café, siempre murmura.

100 Poemas inspirados a lo largo de 10 años de una vida.

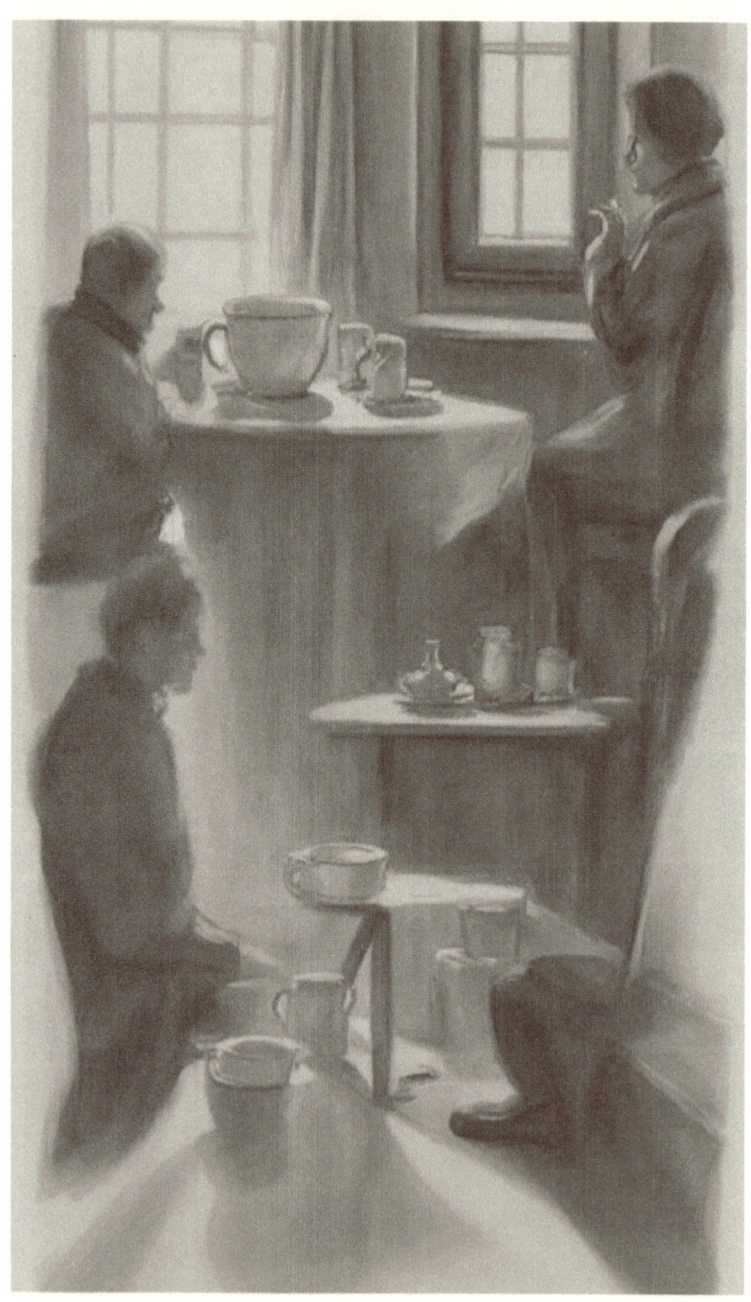

Sombra

Y sigo aquí como una sombra en tu presente, como una luna que aún órbita un pasado que fue, pero ya no será. Sigo aquí como una sombra, que aparece en tus momentos de luz, pero que no sabes que está ahí.

Sigo aquí, sin razón de estar y sin motivos para hacerlo, sin entender por qué la luz me trae nuevamente a lugares donde ya no pertenezco.

Donde ya no soy parte de ti, ni de la vida que construirte, pero aquí sigo, sin voluntad, esperando que voltees a ver aquella sombra que aún te acompaña.

Y entendiendo que no soy la sombra de ti, sino, de nuestra pasado que aún alumbra la luz.

100 Poemas inspirados a lo largo de 10 años de una vida.

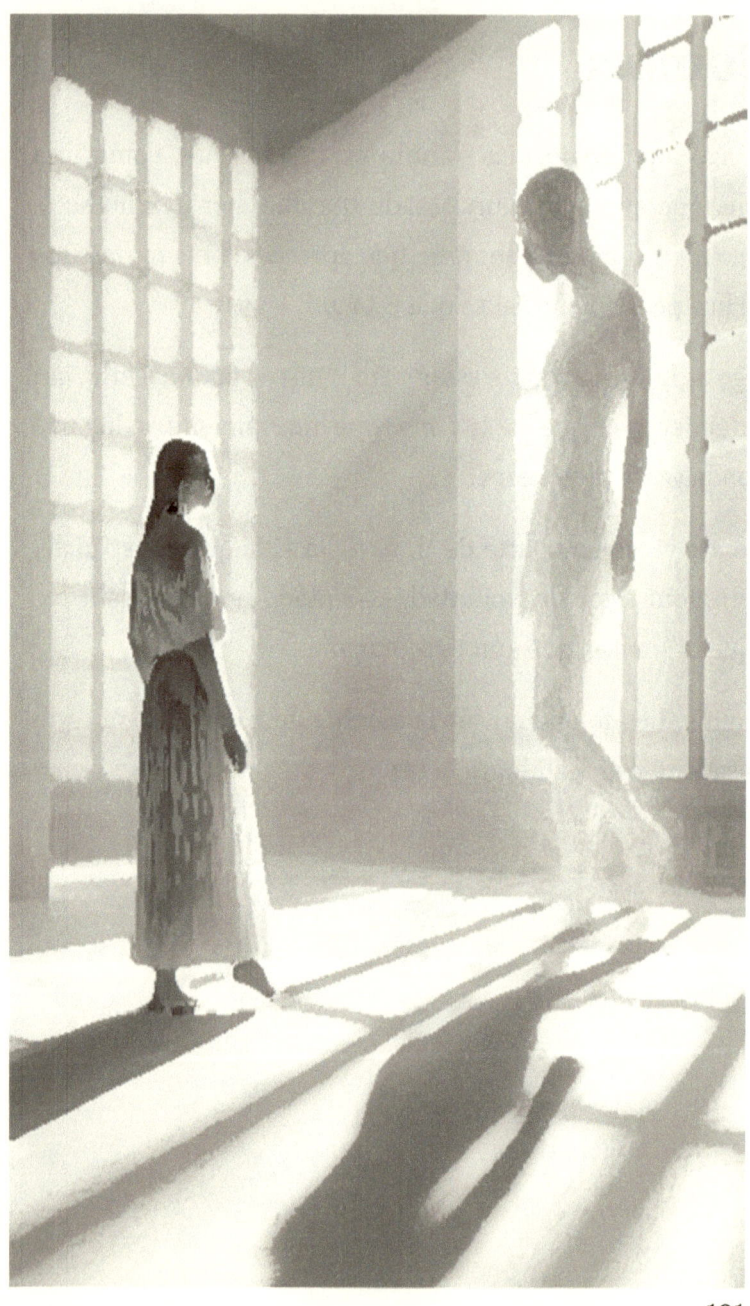

Mi Peor Error

En la sombra de mis decisiones, se oculta el lamento de mi error. Creí en reflejos sin alma, perdí la esencia, el verdadero valor.

La presión me cegó, me llevó a un abismo sin retorno. No pude salvarte, no pude decirte la verdad en su forma.

Ahora, en el silencio de la noche, mi corazón llora en soledad. El peso de mi fallo me consume, un dolor que nunca se irá.

100 Poemas inspirados a lo largo de 10 años de una vida.

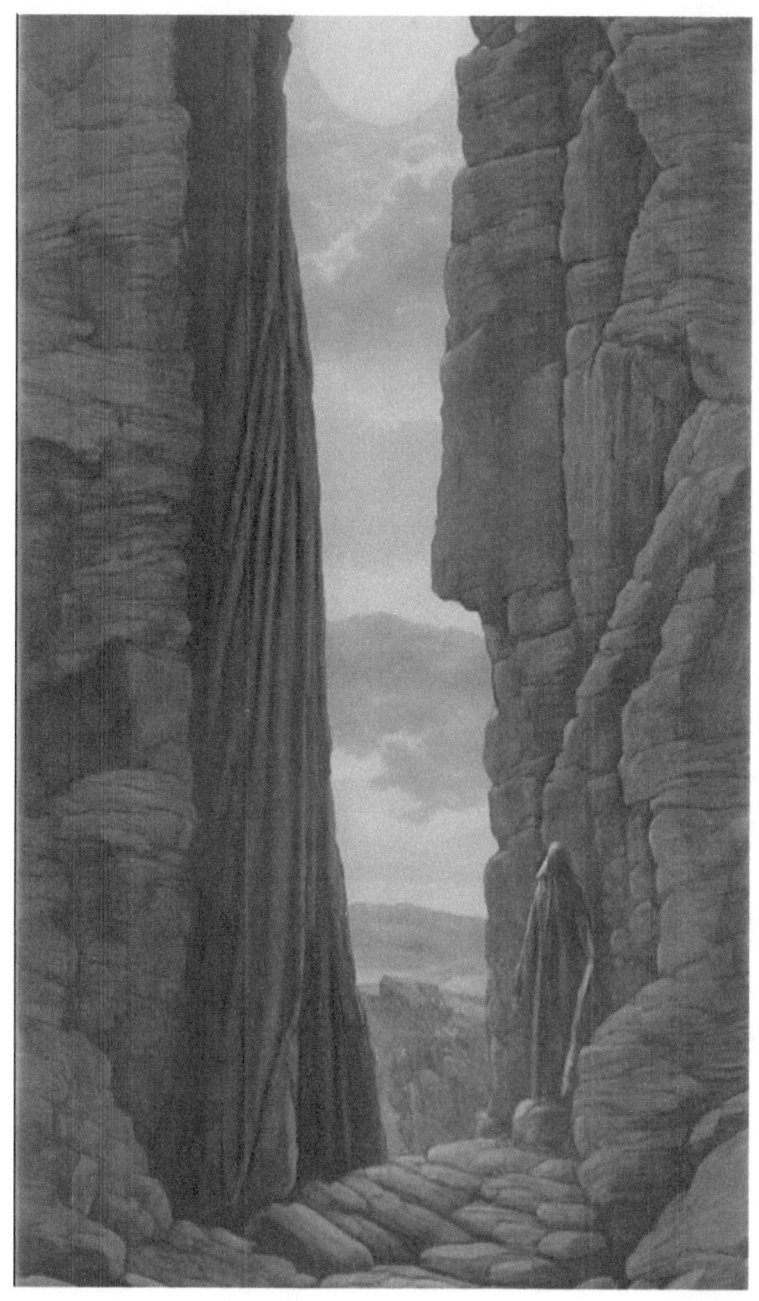

La Protagonista

Quien te hizo la protagonista de mi vida, quien fue que te dio el papel protagónico de una historia que aún no sé si es ficción, misterio o una comedia romántica, pero de aquellas sin final feliz.

Quizás fue el destino, con su capricho, o tal vez el azar, con su juego incierto. Te encontré en un cruce de caminos, donde todo parecía improbable.

Y aunque no sé si esta historia tendrá un final, si será de lágrimas o de risas compartidas, sé que cada capítulo contigo es único, un viaje que vale la pena vivir, sin medida.

100 Poemas inspirados a lo largo de 10 años de una vida.

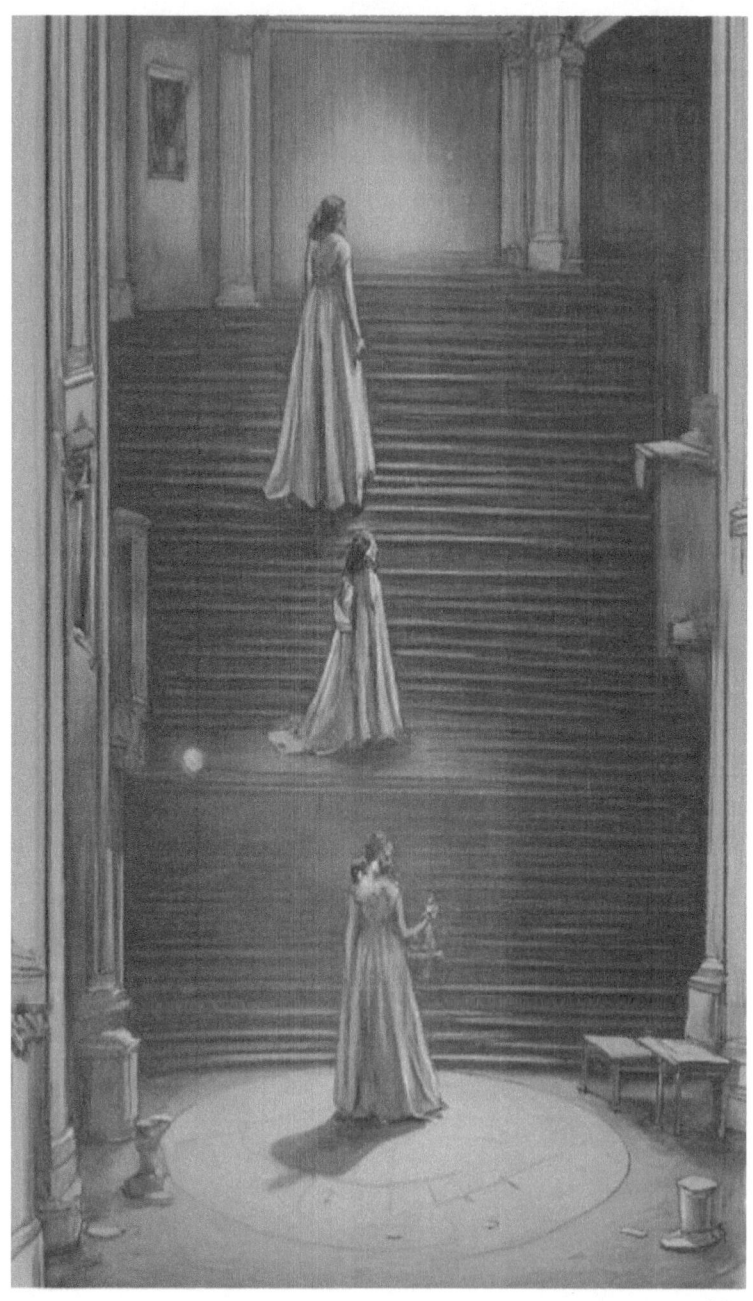

Presente

Imagino las voces que se alzan cuando mi nombre surge en su conversación, cuántos reproches y lamentos al evocar mi paso por tu corazón.

Las palabras caen como hojas secas, cargadas de tristeza y desilusión, recordando los días perdidos, las heridas que dejé en tu razón.

En cada rincón de su memoria, mi presencia aún persiste, como un faro en la distancia, titilante que te recuerda que sigo aquí.

100 Poemas inspirados a lo largo de 10 años de una vida.

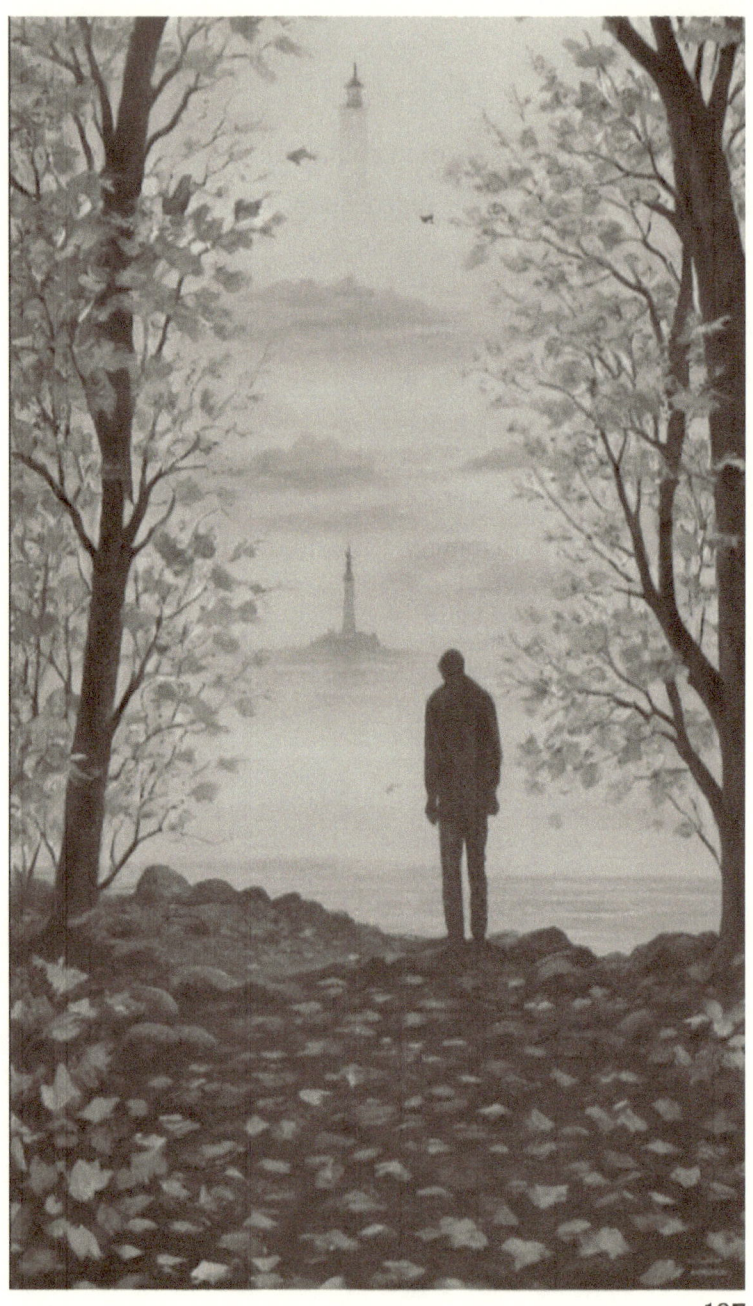

Espejismo

Creí verte en la distancia, como un espejismo en el desierto, un destello fugaz de lo que pudo ser, pero al acercarme, solo encontré arena, y el eco vacío de tus promesas.

El sol ardiente quemó mis esperanzas, y me dejó cicatrices de un amor que nunca fue. Ahora, camino solo en este páramo, buscando agua en un oasis que nunca existió.

Quizás fue mi corazón quien fabricó tu imagen, una ilusión creada por el deseo de no estar solo. Pero el espejismo se desvaneció al amanecer, y me dejó con la amarga verdad: tú nunca estuviste allí.

100 Poemas inspirados a lo largo de 10 años de una vida.

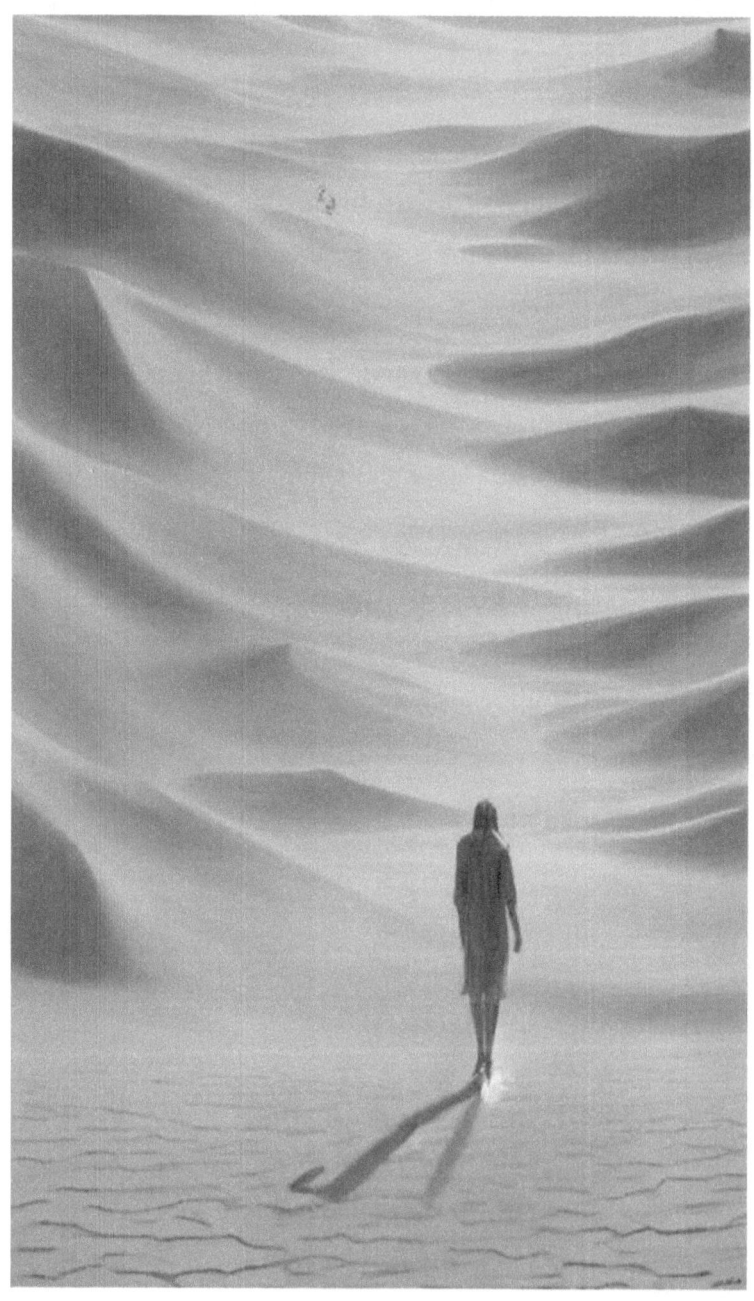

Destino Cruzado

En el cruce de caminos nos encontramos, dos almas perdidas en la vastedad del mundo. No fue amor a primera vista, fue más bien un reconocimiento silencioso, como si hubiéramos caminado juntos en otra vida.

Tus ojos, un reflejo de mi propia historia, me hablaron sin palabras, y en ese instante supe que nuestras vidas se entrelazarían como hilos de un mismo tejido.

El destino, con su capricho, nos unió, pero el tiempo, implacable, nos separó. Ahora, camino por sendas diferentes, con la esperanza de que, en algún recodo, nuestros pasos vuelvan a encontrarse.

100 Poemas inspirados a lo largo de 10 años de una vida.

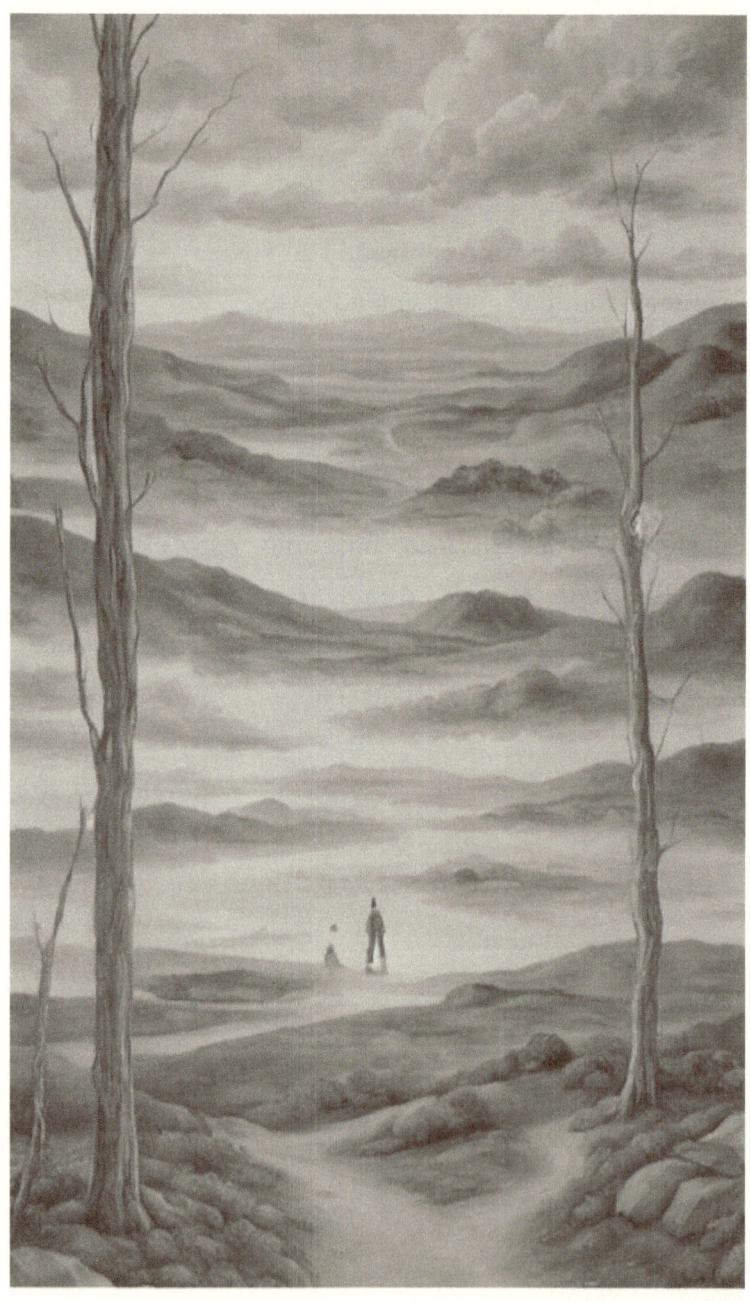

Huella Permanente

Como la marea que arrastra y deja huella en la arena, así fue tu amor en mi vida, un ir y venir constante, una caricia efímera que dejó marcas permanentes.

Intenté borrar tus huellas con nuevas olas, con amores que prometían borrarte, pero cada vez que la marea baja, ahí estás, intacto, en lo profundo de mi ser.

Quizás el tiempo diluya tus huellas, o tal vez se conviertan en un relieve suave, una cicatriz que ya no duele, pero que siempre me recordará que alguna vez fuiste parte de mi historia.

100 Poemas inspirados a lo largo de 10 años de una vida.

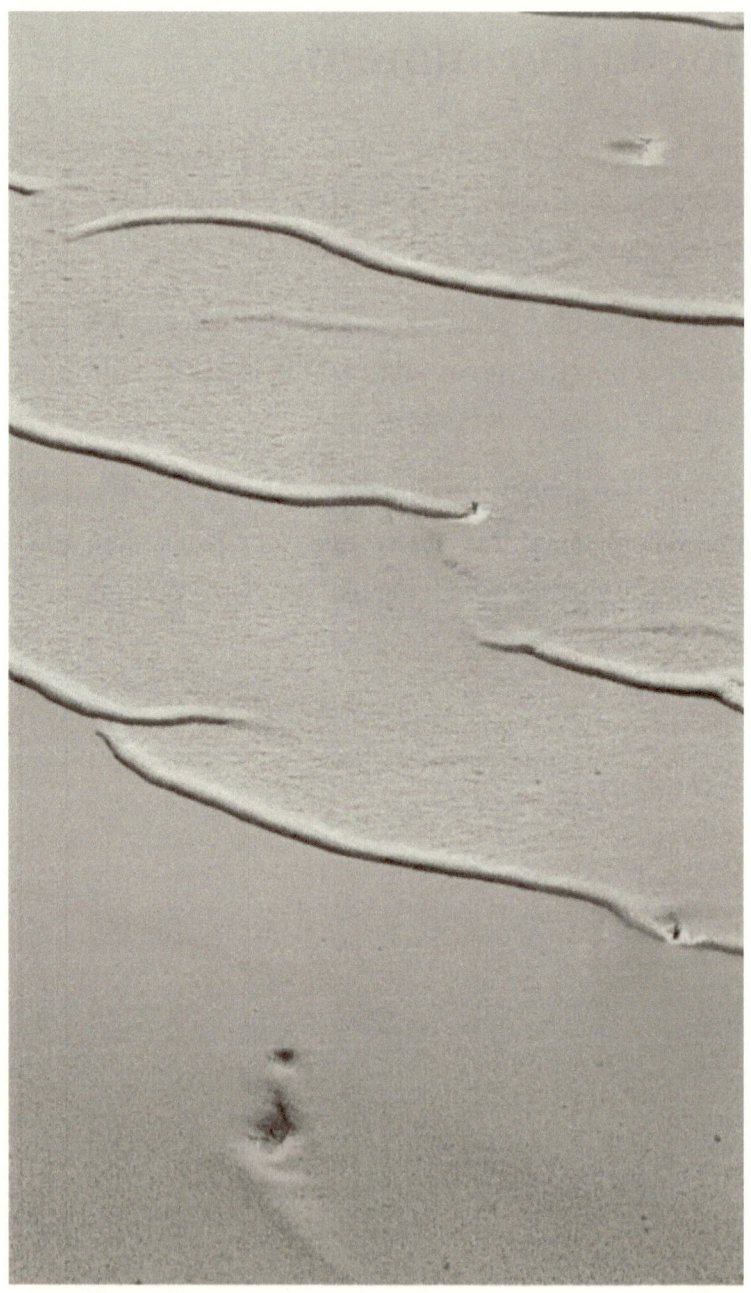

Silencio

El silencio entre nosotros se convirtió en un lenguaje, un código que solo tú y yo entendíamos. No hacían falta palabras, nuestras miradas lo decían todo.

Pero con el tiempo, el silencio se hizo pesado, una barrera que nos separaba, y nuestras miradas comenzaron a desviarse, perdiendo el contacto que antes lo era todo.

Ahora, el silencio es ensordecedor, un eco de lo que fuimos y ya no somos. Y en ese silencio, me pregunto, si alguna vez podremos romperlo, o si quedará para siempre como el epitafio de nuestro amor.

100 Poemas inspirados a lo largo de 10 años de una vida.

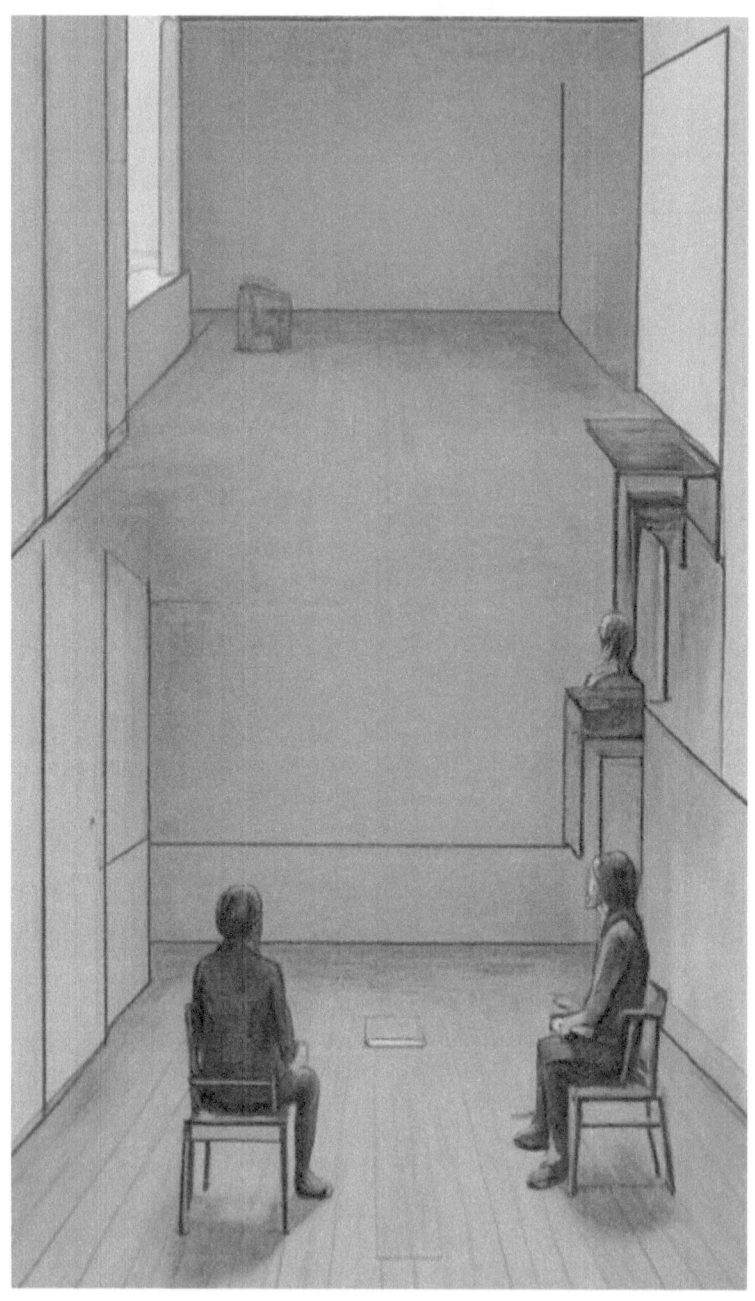

100 Poemas inspirados a lo largo de 10 años de una vida.

Dedicatoria

Estas personas son las responsables que este libro se haya hecho realidad. ¡**DESCUBRELOS**!

K	L	B	N	G	T	E	M	E	L	Y	Z	I	S
T	D	F	D	F	A	N	D	R	E	I	N	A	O
G	M	A	W	J	H	G	Z	I	W	V	B	C	D
S	Z	N	J	C	T	P	Y	I	T	H	E	L	K
T	V	N	K	I	D	U	M	P	M	Q	V	A	Y
E	A	Y	L	W	Z	X	A	D	K	N	Q	R	O
P	U	C	I	E	U	H	N	Z	P	X	O	L	X
H	P	Y	B	Z	C	Y	I	M	Y	S	R	Y	N
A	T	L	E	T	V	U	T	V	I	N	R	E	B
N	H	A	T	G	R	G	O	F	H	R	O	V	B
I	I	H	H	Y	T	E	A	M	J	E	A	N	H
E	L	D	A	R	I	E	L	O	U	I	D	J	S
B	M	R	A	F	A	E	L	N	O	N	K	Q	X
G	A	S	S	Y	D	Z	W	S	B	Y	R	K	I

_____   _____   _____

_____   _____   _____

_____   _____   _____

_____   _____   _____

100 Poemas inspirados a lo largo de 10 años de una vida.

www.ingramcontent.com/pod-product-compliance
Lightning Source LLC
Chambersburg PA
CBHW020646220526
45464CB00001B/314